KB067389

온라인 퍼실리테이션 진행의 기술

O N L I N E

퍼실리테이션 진행의 기술

조직문화를 살리는 말하기 스킬

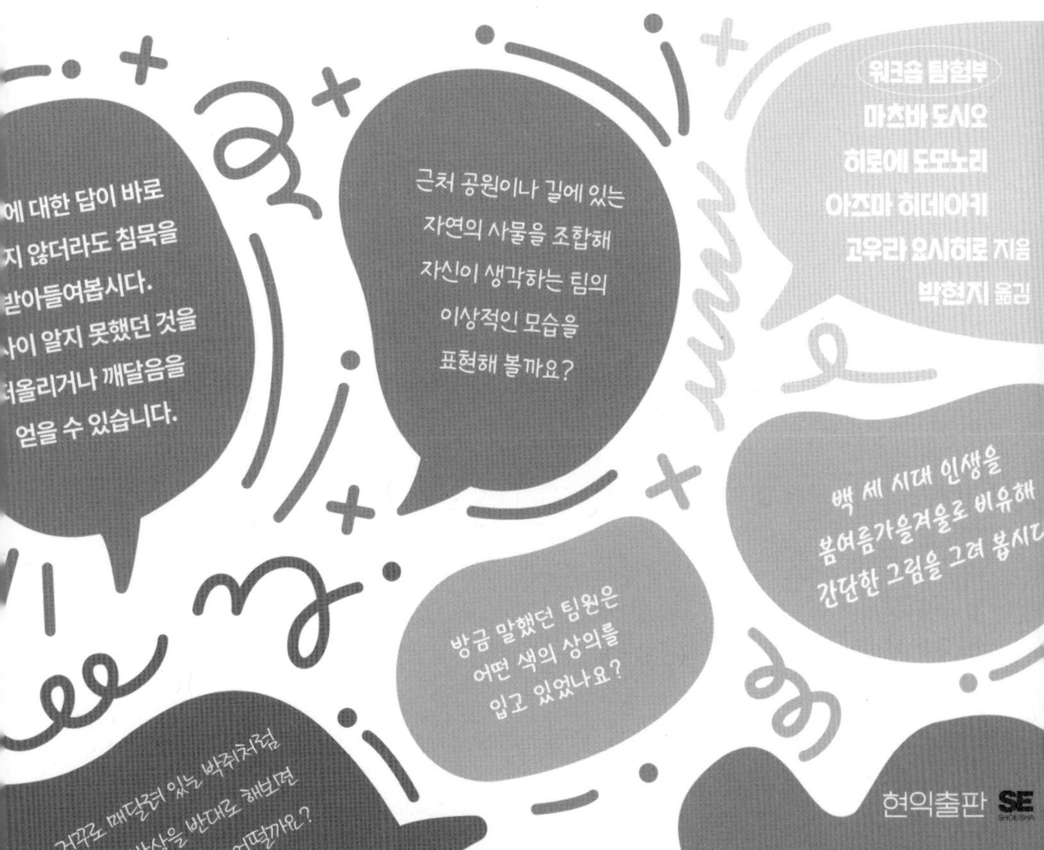

들어가는 말

시대가 변하며 학교와 회사에서는 온라인을 적극적으로 활용하고 있습니다. 변화의 흐름에 맞춰 우리 워크숍 탐험부에서는 몇백 건에 달하는 연수와 워크숍을 온라인으로 옮기며 '온라인 행사'를 진행해 왔습니다.

사람들이 만나면 대화가 생기고, 혁신이 일어납니다. 사람들 간의 만남이 줄어들면서 서로 다른 사람의 생각이나 아이디어, 감정, 소망 등을 말로 공유할 수 있는 자리가 지금보다 더 중요한 의미를 가지게 되었습니다. 업무 협의만으로는 들을 수 없는 소리에 귀를 기울이고, 팀워크를 향상시킬 기회가 필요해졌습니다.

장소나 시간에 구애받지 않는 업무와 학습 방식은 앞으로도 더 활발하게 여러 방면에서 도입되면서 활용 범위가 넓어질 것입니다. 본서에서는 회의와 연수, 일대일 워크숍 등 어디서나 사용할 수 있는 '온라인 행사' 아이디어를 통틀어서 '워크숍'이라고 부르고 있습니다. 이런 아이디어는 팀의 사기를 높이기 위해 고심하고 있는 관리자들과 회사의 비전을 사원들에게 공유하기 위해 고전하는 경영자들, 학생들의 협동력을 높이고 싶은 교사 등 다양한 사람에게 빠른 도움을 줄 수 있을 것입니다.

각각의 사람이 지니고 있는 가능성이나 약점, 진심, 강점을 끌어내 주는 '온라인 행사'와 퍼실리테이터 같은 존재가 오늘날 다양한 장소에서 필요해지고 있습니다. 여러분의 일상에서도 이 아이디어를 활용할 수 있길 바랍니다.

워크숍 탐험부
저자 일동

워크숍 탐험부

이 책을 읽고 있는 독자 여러분도 이제 우리 탐험부의 멤버입니다.

마츠바 도시오松場俊夫

NPO 법인 코치도コーチ道 대표이사
인사조직 컨설턴트 / 퍼실리테이터

- 공인인증 MBTI 일반 강사
- RR Global ORSCC(조직 및 관계 시스템 인증 코치)

* 국제 코칭 연맹(ICF)의 인증을 받은 최초의 시스템 코칭 프로그램으로, ICF 공인 코치 교육 학교인 CRR Global에서 교육을 수료하면 취득할 수 있다.

간사이가쿠인대학 상학부 졸업 후, (주)리쿠르트 입사. 취업정보지, 여행정보지에 대한 컨설팅 영업에 종사했다. 퇴직 후 아메리칸풋볼의 프로 코치로서 일본선수권에서 5회 우승. 2007년 W배 일본 대표 코치로 선출. 현재 기업과 스포츠 영역에서 강사 및 퍼실리테이터로 활동하며 5만 명 이상을 대상으로 연수와 워크숍을 실시했다. "사람은 좀처럼 바뀌지 않지만, 바뀔 때는 한순간에 바뀐다." 그 순간을 함께 하는 것이 무엇보다도 행복하고 '사람을 성장시키는' 일이 일생의 소명이라고 말하기도 했다.

아즈마 히데아키東嗣了

(주)SYSTEMIC CHANGE 대표이사
CRR Global Japan Ltd. 공동 대표
지속가능성·리더십 컨설턴트

- CRR Global ORSCC(조직 및 관계 시스템 인증 코치)
- R2030 ESG 게임 공인 퍼실리테이터

애리조나주립대학원 지속가능성 리더십 전공 이그제큐티브 석사, 미국 윌라메트 대학교MBA를 마쳤다. 지금까지 3만 명 이상을 대상으로 사람과 조직의 본질적인 변화와 혁신을 지원했다. 좌뇌의 논리와 우뇌의 감성을 균형 있게 사용시키는 것이 강점이다. 일본에서 지속가능성 리더 육성을 위해 열정을 쏟고 있다. 생체 모방(바이오미미크리) 컨설팅 회사 'Biomimicry 3.8'의 공동 창업자에게 직접 지도를 받던 중, 생체 모방 대학 커뮤니티를 설립해 재생·순환형 사회를 향한 시스템 변용을 도모하고 있다.

안내자들 소개

새로운 아이디어와 발견으로 이어지는 워크숍의 세계를 즐겨 봅시다!

히로에 도모노리 広江朋紀

(주)링크이벤트프로듀스
조직개발 컨설턴트 / 퍼실리테이터

- CRR Global ORSCC(조직 및 관계 시스템 인증 코치)
- 미국 CTI 인증 CPCC(프로페셔널 코액티브 코치)

산업능률대학 대학원(기도 야스아키城戸康彰 연구실/조직행동론 전공/MBA)을 졸업했다. 출판사에서 일했고, 이후 2002년 (주)링크앤드모티베이션에 입사했다. HR 영역의 주요 파트인 채용, 육성, 커리어 지원, 조직문화 혁신 업무에 약 20년간 종사했으며, 강사·퍼실리테이터로서 상장 기업을 중심으로 1만 5,000시간이 넘는 연수와 워크숍 강의를 진행했다. 참가자가 진심이 되는 행사 만들기 강의는 마법이라 불릴 정도로 정평이 나 있으며, '분위기가 바뀌고 사람이 생기 있게 움직이기 시작하는 순간'이 참을 수 없이 즐겁다고 말하기도 했다.

고우라 요시히로 児浦良裕

세이가쿠인 중학교·고등학교
홍보부장 / 21교육기획부장 / 국제교육부장
학교법인 세이가쿠인 교육디자인개발센터 부센터장
21세기형 교육기구 교육연구센터 주임

- 레고® 시리어스 플레이® 방식·교재 활용 공식 교육 과정 수료 공인 퍼실리테이터
- 2030 ESG 게임 공인 퍼실리테이터

동경이과대학 이학부 제1부 수학과를 졸업했다. (주)베넷세코퍼레이션에서 16년간 영업, 상품 개발, 관리직에 종사하다가 중고등 교사로 직업을 바꾼지 8년 차가 되었다. 담당 교과는 수학·정보이다. 학교의 마케팅이나 새로운 글로벌 교육, STEAM 교육을 관리 감독하고 있다. '우물 안 선물, 큰 바다로 나가라'라는 교육 모토로 사회와 학생을 잇는 교육을 중요하게 생각한다. 2016년 9월 후지TV <유어 타임>에서 수업을 취재해 전국에 방영했다. 또한 레고를 사용한 사고력 시험이 각종 미디어에 채택되기도 했다. 기술가정 과목 교사 자격도 가지고 있다.

목차

PART 2 조직 편

PART 3 아이디어·과제 편

PART 4 회고 편

PART 5 Q&A

워크숍 탐험부 미팅

온라인 워크숍을 시작하기 전에

〈그라운드 룰 편〉

온라인 회의나 온라인 워크숍에서 대화할 때에는 사무실이나 교실 같은 오프라인 현장에서 대화할 때와는 다른 점이 몇 가지 있습니다. 참가자들에게 온라인과 오프라인의 차이점을 전달하고, 규칙을 공유한다면 모두가 안심하고 참여할 수 있을 것입니다. 예를 들어 워크숍 탐험부의 안내자들은 다음과 같은 그라운드 룰을 설정했으니 참고해 주시기 바랍니다.

- 끄덕거림, 반응은 오프라인의 3배.
- 반응 버튼으로 박수를 치거나 찬성, 존중을 계속 표현하기.
- 질문을 하거나 느낀 점 등 끼어들기는 대환영!
- 시스템 문제는 늘 따라오는 것이니 너그러운 마음으로 대응하기.
- 아이들, 애완동물, 우편물 등 갑자기 일어나는 해프닝은 애교.
- 음료는 가지고 들어와도 OK!
- 카메라는 기본적으로 온, 마이크는 발표자 이외 오프(음소거)하기.

〈기능 편〉

본서에서 소개하는 워크숍은 편의상 온라인 회의 시스템 '줌ZOOM' 이용을 상정하고 있습니다. 책의 내용을 보다 쉽게 이해하기 위해 이번 편에서는 '줌'의 주요 기능을 간단하게 설명하겠습니다. 물론 다른 온라인 회의 시스템이나 라이브 영상 서비스로도 워크숍을 진행할 수 있습니다. 다양한 기능들이 계속 업데이트되고 있으니 최신 정보는 줌의 웹사이트를 참조해 주세요.

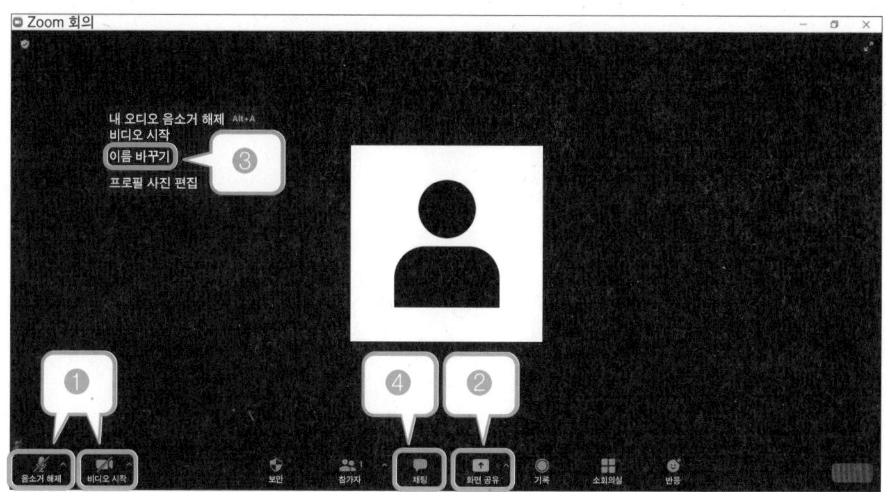

① 카메라와 마이크 온/오프

좌측 하단의 '비디오 시작'을 클릭하면, 내 카메라가 켜집니다. 또한 '음소거 해제'를 선택하면, 마이크가 켜집니다. 같은 버튼으로 온오프를 바꿀 수 있습니다. 자신이 호스트(설정을 결정하는 권한이 있는 사람)일 경우에는 참가자의 마이크를 끄거나 음소거 해제 요청을 할 수 있기 때문에, 조작 방법을 모르는 사람이 있다면 도와줄 수 있습니다.

② 화면 공유

화면을 공유하는 경우에는 가운데 아래쪽의 '화면 공유' 버튼을 클릭하고 공유하고 싶은 화면을 선택합니다. 소회의실 세션 중에 참가자가 화면을 공유하려면, 호스트가 메인룸에 있다면 '보안' 버튼에서 '참가자에게 다음을 허용' 중 '화면 공유'를 선택하면 됩니다. 호스트가 소회의실에 들어가 있을 경우에는 '화면 공유' 버튼에서 '고급 공유 옵션'을 선택하면, 모든 참가자에게 공유를 허가할 수 있습니다.

③ 이름 바꾸기

원할 때마다 표시되는 자신의 이름을 바꿀 수 있습니다. 자신의 영상 위에 커서를 두고, 마우스 오른쪽을 클릭해 풀다운 메뉴에서 '이름 바꾸기'를 선택합니다.

④ 채팅 기능

화면 하단의 '채팅'을 클릭하면, 윈도우 오른쪽에 채팅이 표시됩니다. '수신자'를 '모두'로 설정하면 참가자 전원에게 메시지를 보낼 수 있습니다. '수신자'를 특정인으로 설정하면 해당 사람과 자신만 메시지를 송수신할 수 있습니다. 사람이 많은 경우에는 채팅 내용을 금방 확인할 수 있도록 서두에 '■질문' '■요청' 등을 붙여 작성하도록 안내하면 알아보기 쉽습니다.

⑤ 주석 기능

화면 공유를 한 상태에서 화면상의 '옵션 표시'를 클릭해 '주석 달기'를 선택합니다. '텍스트', '그리기' 등을 이용해 자유롭게 쓸 수 있습니다.

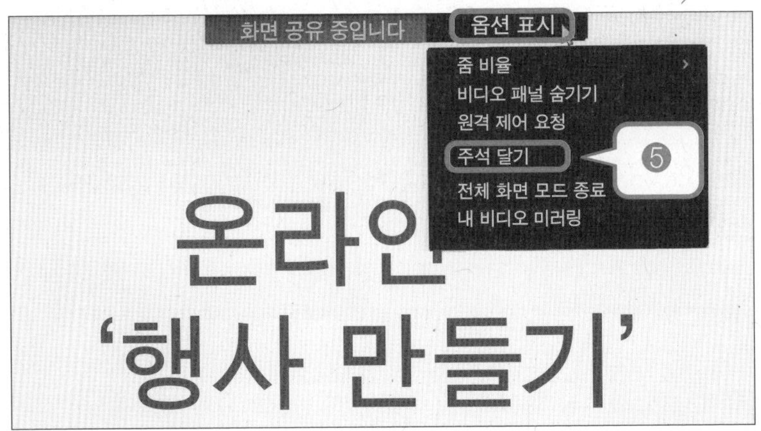

⑥ 소회의실과 도움 기능

참가자를 몇 명씩 소그룹으로 나누는 기능을 '소회의실'이라고 부릅니다. 호스트는 사전에 참가자를 어떻게 배정할지 설정해 두거나, 그 자리에서 임의로 배정할 수 있습니다. 호스트는 사전에 소회의실을 '유효'로 설정해 둬야 합니다. 호스트는 각 소회의실을 돌아다니며 참가할 수 있지만, 참가자는 자신이 있는 그룹만 확인할 수 있습니다. 그러니 만약 참가자가 어려움을 겪고 있다면 '도움 요청'을 클릭하라고 미리 안내해 줍시다.

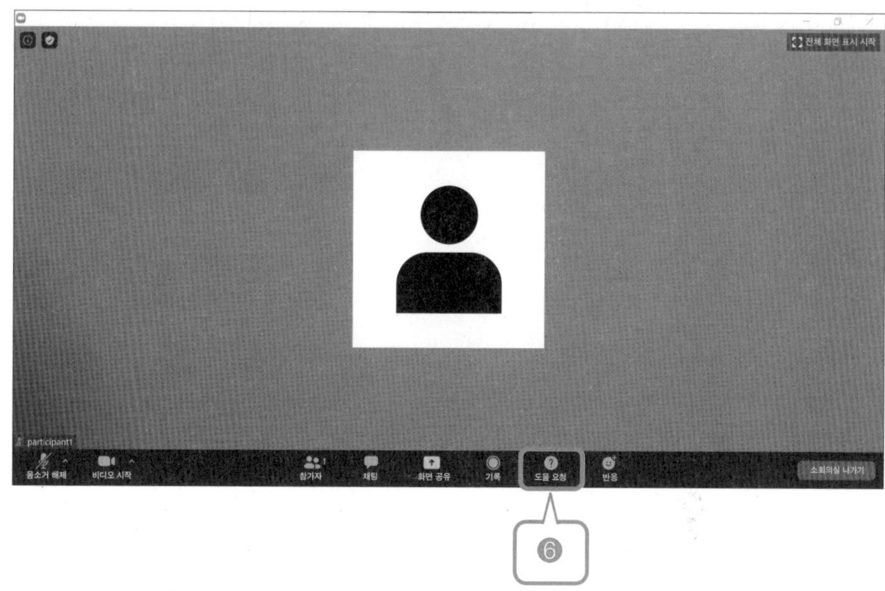

이 책의 활용법

이 책은 누구나 바로 워크숍을 실천할 수 있도록 각 프로그램에 대해 준비물부터 구체적인 순서까지 상세히 설명하고 있습니다. 또한 응용 방법도 기재해 놓았으니 목적에 따라 활용해 주시기 바랍니다. 이 책에서는 워크숍을 'WS'라고 표기합니다.

PART 1

아이스브레이킹 편

온라인에 익숙하더라도
아직 지울 수 없는 어색함이 있다.
일단 분위기를 풀고 두뇌를 자극할 수 있는
아이스브레이킹을 하자!

낙서장

01 온라인 워크숍은 재미있게 시작한다

- ✓ 신입 연수
- ✓ 타 업종 교류
- ✓ 팀 빌딩
- ☐ 인재 육성
- ✓ 학교
- ☐ 관리자 연수
- ✓ 문화 다양성 연수
- ☐ 일대일
- ☐ ESG
- ✓ 지역

10분

안내자
히로에
도모노리

이럴 때 도움이 된다

- 시작 시간보다 이르게 로그인하여 대기하고 있을 때
- 신입사원이나 새로운 팀 등 아직 친하지 않은 멤버와 워크숍을 진행할 때

권장 인원 몇 명이든 OK

준비물 없음

WORKSHOP

① "금일 워크숍에 참석해 주셔서 대단히 감사드립니다. 시작하기까지 아직 시간이 남아 있는데, 줌ZOOM의 기능을 이용해 잠시 낙서 좀 해 볼까요?"
퍼실리테이터는 시작 시간 약 15분 전부터 줌 회의실을 열어 둔다. 약 10분 전부터 참가자들이 들어오기 시작하는 경우가 많으니, 참가자들이 들어와 있다면 말을 건다.

② "화면 우측 하단에 위치한 '주석 달기'라는 버튼을 눌러 보세요. '텍스트', '그리기', '스탬프' 등의 기능을 활용하여 자유롭게 낙서할 수 있습니다."
퍼실리테이터는 사전에 준비한 페이지를 화면에 공유한다. 기능을 설명할 때 실제로 스탬프를 찍거나 텍스트를 입력하면서 시범을 보이면 참가자들이 이해하기 쉽다. 또한 빈 페이지를 준비하기보다는 참가자들이 흥미를 가지고 참여할 만한 사진이나 일러스트를 한쪽 구석에 넣어두는 것도 좋다.

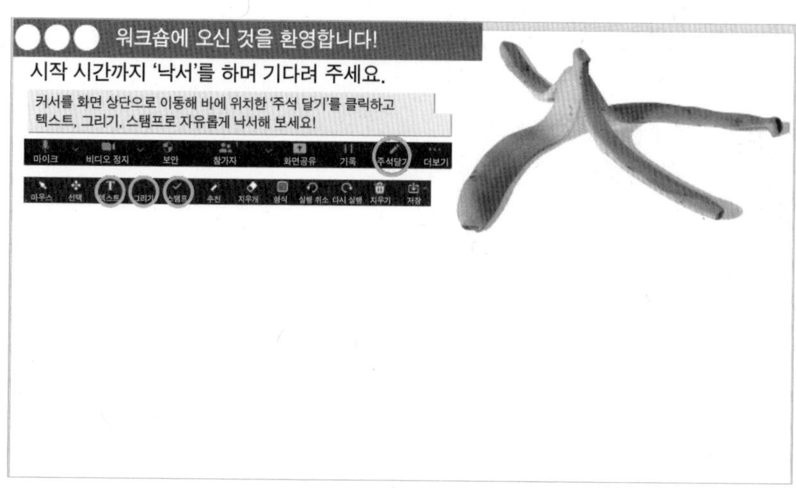

③ (CLOSING) "여러분의 창의력 덕분에 재미있는 결과물이 나왔네요. 이제 곧 워크숍이 시작될 예정이니 이것으로 낙서하기를 종료하겠습니다."
여러 사람이 그린 낙서에 대해 한마디 첨언하고 시작 예정 시각이 되면 행사 시작을 안내한다.

이 워크숍의 목적

일찍 로그인하여 기다리는 참가자들이 있는데, 온라인에서는 옆 사람에게 말을 걸 수도 없어 기다리는 동안 살짝 서먹한 분위기가 흐릅니다. 그 어색한 분위기를 해소하고, 즐겁고 긍정적으로 워크숍에 참여할 수 있도록 가볍게 즐길 수 있는 시간을 마련해주는 것이 좋습니다. 조직 혁신 등 딱딱한 연수에는 별로 어울리지 않지만, 상호 이해나 타 업종 교류 등 새로운 팀을 구축하는 자리에서는 긴장을 풀 수 있습니다.

응용하기!

● 이 활동을 계기로 워크숍 중 다른 사람의 의견이나 발표에 '반응' 버튼을 활용해 리액션할 수 있도록 장려합시다. 발표자를 제외하고는 목소리를 내기 어려운 온라인 워크숍에서 참가자에게 스탬프 등을 사용해 찬성이나 격려를 표현할 수 있다고 초반에 설명해 두면 그 후의 활동이 활발해집니다. 휴게시간 중 잡담과 함께 진행하는 것도 좋습니다.

익힐 수 있는 능력

● 협동심 ● 적극성 ● 소통력

Sweet & Sour

02 달콤쌉싸름한 감정을 동료와 공유한다

- ☑ 신입 연수
- ☑ 타 업종 교류
- ☑ 팀 빌딩
- ☐ 인재 육성
- ☐ 학교
- ☑ 관리자 연수
- ☑ 문화 다양성 연수
- ☐ 일대일
- ☐ ESG
- ☑ 지역

15분

안내자
히로에 도모노리

이럴 때 도움이 된다

- 이미 서로를 알고 있지만 좀 더 친밀한 관계를 맺고 싶을 때
- 새로운 팀에서 활동을 시작할 때

권장 인원 4명(많은 경우에는 소회의실로 나눌 것)

준비물 없음

WORKSHOP

① "최근 여러분의 감정이 움직였던 일을 잠시 떠올려 보세요. 그 일을 서로 공유해 보겠습니다."
참가자가 자신의 이야기를 떠올리도록 설명한다.

② "지금부터 이야기할 주제는 Sweet & Sour입니다. Sweet는 최근에 경험한 것 중 달콤한 경험, Sour는 아차 싶었던 조금은 쓴 경험입니다. 예를 들어 Sweet는 '내가 만든 요리를 딸이 칭찬해 주어 기뻤다'든지 Sour는 '얼마 전에 산 마음에 드는 자동차에 흠집이 나서 슬펐다' 같은 일도 좋습니다. 그럼 먼저 저부터 이야기해 보겠습니다."
Sweet와 Sour가 어떤 내용을 의미하는지 예를 들어 설명한다. 참가자들의 정보를 이미 알고 있다면 최대한 관련이 있을 법한 이야기를 예로 든다. 예시와 함께 설명한 후, 참가자에게 이야기를 시키기 전에 퍼실리테이터 자신의 이야기를 먼저 공유하면서 참가자들의 심리적 장벽을 낮춘다.

③ "순서대로 경험을 공유해 주세요. 가나다 순으로 돌아가면서 이야기해 봅시다. 간단하게 한 사람당 1~2분 정도면 충분합니다. 그럼 시작해 주세요."
한 사람당 한마디 정도면 충분하니, 편하게 이야기를 나누도록 한다. 이때, 발언 순서를 퍼실리테이터가 지정하면 매끄럽게 흘러간다. 순서는 직위나 연령 등 상하관계를 만들지 않기 위해서 가나다 순이나 가위바위보 등을 통해 임의의 순서를 지정한다. 사람이 많은 경우에는 소회의실 기능을 사용해 네 명 정도로 그룹으로 나눠 진행한다.

④ (CLOSING) "어떠셨나요? 각기 다른 이야기를 들으면서, 상대에 대해 알지 못했던 면을 보셨을 수도 있겠네요. 이야기하는 사람은 듣는 사람의 끄덕거림이나 반응을 기쁘게 받아들였을 것입니다. 부디 앞으로 진행될 온라인 활동에서도 이렇게 끄덕거림이나 스탬프 등을 사용해 다양한 반응을 보여주면서 즐겁게 참여해 주세요."

이 워크숍의 목적

최근 좋았던 일이나 새로운 발견을 이야기하는 Good & New는 아이스브레이킹에 자주 사용되지만, 내면적인 이야기를 나누기는 어렵습니다. Sweet & Sour에서는 자신의 감정이 움직였던 이야기를 함으로써 평소의 직위나 역할 등에서 벗어나 그 사람의 내면을 볼 수 있게 도와줍니다. 또한 그런 내면에 관한 이야기를 주변에 들려주면서 자신이 받아들여진다고 느끼며 안심 할 수 있습니다. 일뿐만 아니라 사람에 초점을 맞춰 보다 깊은 관계를 만들 수 있지요.

응용하기!

● 이외에도 '가슴이 뛰었던 일'이나 '조금 슬펐던 일' 등, 마음이 움직였던 작은 경험을 이야기하게 해도 좋습니다. 너무 무거운 이야기가 아니라 신변잡기 등 가볍게 이야기할 수 있는 주제를 설정합시다.

익힐 수 있는 능력

● 소통 ● 신뢰 관계 ● 공감 능력

주사위 토크

03 토크 주제도 운에 맡기고 즐겨 보자

- ☑ 신입 연수
- ☑ 타 업종 교류
- ☑ 팀 빌딩
- ☑ 인재 육성
- ☑ 학교
- ☑ 관리자 연수
- ☑ 문화 다양성 연수
- ☐ 일대일
- ☑ ESG
- ☑ 지역

15분

안내자
히로에
도모노리

이럴 때 도움이 된다

- 이미 서로를 알고 있지만 더 좋은 관계를 맺고 싶을 때
- 대화 형식의 워크숍을 시작하기 전

권장 인원 4~6명(많은 경우에는 소회의실로 나눌 것)

준비물 주사위 던지기(https://kr.piliapp.com/random/dice/)

WORKSHOP

① "이번에는 모두 주사위를 던지고, 나오는 숫자에 따라 정해진 주제로 이야기를 나눠 봅시다. 어떤 주제인지 화면을 봐 주세요."

먼저 1~6의 번호마다 주제를 정하고, 화면을 공유한다. 다음 그림의 예처럼 가능하면 바로 이야기할 수 있는 쉬운 주제가 좋고, 참가자에 맞춰 내용을 적용한다.

주사위	주제
1	지금의 기분을 한마디로!
2	《온라인 퍼실리테이션 진행의 기술》을 읽고(읽었다면) 느낀 감상을 한마디로!
3	재택근무 하면서 얻은 것!
4	나의 재택근무 필수품은!
5	퇴근하고 가장 가고 싶은 장소는!
6	프리 토크로 TMI를 말해 보자!

② "주사위를 던질 수 있는 사이트 '주사위 던지기'의 링크를 지금부터 여러분께 채팅으로 보내드리겠습니다. 각자 한 번씩 테스트해 주세요."
채팅을 이용해 참가자들에게 '주사위 던지기' 링크를 보낸다. 그 자리에서 몇 번 테스트해 보도록 하고, 실행되지 않는 사람이나 문제가 있는 사람이 있다면 대응한다.

③ "순서대로 주사위를 굴리고 이야기를 나눠 보겠습니다. 화면을 공유하는 방법은 알고 계신가요? 한 사람씩 화면을 공유하고, 주사위를 던져 이야기해 주세요."
4~6명보다 사람이 많은 경우에는 소회의실로 나눈다. 화면 공유를 하지 않는 경우에는 각자의 PC나 스마트폰 브라우저로 주사위를 던지게 하고, 참가자에게 나온 숫자를 직접 말하도록 하는 형식으로 진행해도 좋다.

④ "오늘 이후로 생일이 가장 가까운 사람부터 시작해 보겠습니다. 모두 합쳐 10분 정도의 시간을 드리겠습니다. 한 바퀴 돌아 시간이 남는다면 두 바퀴를 돌아도 좋으니 제가 멈추라고 할 때까지 계속해 주세요. 그럼 시작하겠습니다."
생일이 제일 빠른 사람부터, 휴대전화 번호의 제일 끝자리 숫자가 작은 사람부터 하는 등 연공서열과 상관없이 순서를 지정한다. 서로 이야기 순서를 정한 것을 확인하고 시작한다.

⑤ (CLOSING) "멈춰주세요. 어떠셨나요? 무슨 숫자가 나올지 두근두근하지요. 같은 그룹 사람의 의외의 면을 발견하거나 재미있는 이야기를 들으실 수 있었나요? 상대방을 알면 서로를 더 깊게 이해할 수 있습니다."

이 워크숍의 목적

주사위를 던져 운으로 주제를 정한다는 두근거림과 주사위를 던지면서 온라인에서도 몸을 쓸 수 있다는 느낌, 자신이 화자가 되어 주인공이 된 느낌 등 다양한 감각을 참가자 모두가 경험할 수 있습니다. 게다가 일과 관련이 없는 이야기를 나누면서 상대가 소중하게 생각하는 가치관을 알게 되고, 서로를 깊게 이해할 수 있습니다.

응용하기!

● 주사위 숫자 중 하나 정도는 '숨기고 싶은 비밀', '엽기적인 표정(화면을 향해 있는 힘껏 엽기적 인 표정을 짓는다)' 등 꼭 피하고 싶은 주제를 넣어 두면 더욱 흥미진진합니다. 워크숍의 참가자 층에 맞춰 숫자별 주제를 생각해 봅시다.

익힐 수 있는 능력

● 소통 능력 ● 공감 능력 ● 팀워크

온라인 렌털 경쟁

04 자랑거리를 찾아서 공유

- ✓ 신입 연수
- ✓ 타 업종 교류
- ✓ 팀 빌딩
- ☐ 인재 육성
- ✓ 학교
- ☐ 관리자 연수
- ✓ 문화 다양성 연수
- ☐ 일대일
- ☐ ESG
- ☐ 지역

5분

안내자
아즈마 히데아키

이럴 때 도움이 된다

- 동기를 처음 만났거나 서로를 좀 더 잘 알고 싶을 때
- 계속 앉아만 있지 않고 움직여서 화면을 바꾸고 싶을 때

권장 인원 4~10명(많은 경우에는 소회의실로 나눌 것)

준비물 없음

WORKSHOP

① "오늘은 평소에는 쉽게 하기 힘든 자랑 대회를 열어 보겠습니다. 지금부터 각자 주변에서 찾을 수 있는 것 중에서 자랑할 수 있는 것들을 하나씩 가져와 주세요. 특산품, 옷, 상장 등 아무거나 괜찮습니다. 사무실이나 자택이 아닌 곳에서 참가하시는 분은 눈에 보이는 풍경의 사진이나 몸에 걸치고 있는 것을 자랑하셔도 좋습니다. 그러면 3분 동안 자랑하고 싶은 것을 찾아와 주세요. 준비- 시작!"

자택이나 사무실 등 각자가 위치한 환경에서 자신과 관련된 것을 찾게 한다. 고민하는 사람이 있다면 좋아하는 문구나 스마트폰 사진 등 자유롭게 선택해도 괜찮다고 안내한다. 사람들이 자랑거리를 찾는 동안 음악을 틀어도 좋다. 돌아오면 다음 안내가 있을 때까지 화면상에 가지고 온 것을 보여주지 않도록 안내한다.

② "모두 가지고 오셨나요? 그럼, '하나 둘 셋'하면 동시에 화면에 보여주세요. 하나 둘 셋!"

각자 가지고 온 것을 화면에 한 번씩 보여주게 한다. 여러 개성 있는 물건들이 일제히 화면에 보이기 때문에 분위기는 충분히 떠들썩해진다. 흥미로운 물건이 있다면 퍼실리테이터가 조금 첨언해도 좋다.

③ "한 사람씩 순서대로 가지고 온 물건을 설명하거나 왜 자랑하고 싶은지 이야기해 주세요. 한 사람의 이야기가 끝나면 다른 분들은 그 물건에 대해 궁금한 것들을 질문해 주세요. 그럼, 생각난 분부터 말씀 부탁드리겠습니다."

사람이 많은 경우에는 4~6명씩 소회의실로 나눈다. 각자가 가지고 온 물건과 그에 얽힌 자신의 이야기를 간단하게 공유하도록 한다. 한 사람당 1~2분 정도의 시간을 주는데, 한마디씩만 해도 좋다. 한 명의 이야기가 끝나면 나머지 사람들은 질문을 하고, 화자가 답하는 방법으로 진행한다. 이야기가 끝나면 질문을 주고 받는 흐름을 순서대로 반복한다.

④ (CLOSING) "감사합니다. 지금까지 서로 알고 있던 면과는 다른 새로운 모습을 보거나 생각지 못한 이야기를 들을 수 있었나요? 서로에 대해 좀 더 알게 된 상태에서 지금부터의 활동에도 집중해 주세요."

자랑거리를 통해 각자가 중요하게 생각하는 가치관이 가시화된다. 퍼실리테이터는 자랑거리나 이야기보다 이야기하는 사람의 표정, 목소리 톤, 흥분도에 집중한다. 이야기하는 모습을 말로 전해 주면 본인이나 주위 사람도 깨달음을 얻을 수 있고, 일의 영역을 넘어 인품이나 가치관을 알게 되는 계기가 될 수도 있다.

이 워크숍의 목적

업무상 진행하는 온라인 회의는 모임 목적을 벗어나는 이야기는 좀처럼 나누기 어려운 환경입니다. 서로의 새로운 모습을 알게 됨과 동시에 화면 앞에 그저 앉아만 있는 것이 아니라 일부러 현실의 물건을 가지고 오는 신체 활동을 하며 함께 활동을 즐기고 있다는 기분을 온몸으로 실감할 수 있습니다. 온라인과 현실을 잇는 체험이 가능한 워크숍으로, 기분 전환도 됩니다.

응용하기!

● 퍼실리테이터가 주제를 정하고, 그에 맞는 물건을 찾아오도록 하는 것도 좋습니다.

● 시간이 많을 때는 30분 정도로 시간을 정해 '다양성', '흐름' 등 워크숍과 관련된 주제로 밖에서 사진을 찍어 오는 활동을 해도 재밌습니다. 화면 앞에 앉아 있기만 하는 것이 아니라 외부 활동도 즐길 수 있는 계기가 되기도 하니까요.

익힐 수 있는 능력

● 창의력 ● 신뢰 관계 ● 소통 능력

공통점 찾기

05 당신과 나는 이어져 있다

- ☑ 신입 연수
- ☐ 관리자 연수
- ☑ 타 업종 교류
- ☑ 문화 다양성 연수
- ☑ 팀 빌딩
- ☐ 일대일
- ☐ 인재 육성
- ☐ ESG
- ☑ 학교
- ☑ 지역

10분

안내자
고우라
요시히로

이럴 때 도움이 된다

- 처음 참여하는 사람이 많을 때
- 연령이나 성별이 다양한 집단일 때

권장 인원 4~6명(많은 경우에는 소회의실로 나눌 것)

준비물 구글 잼보드Google Jamboard (https://jamboard.google.com/)

WORKSHOP

① "오늘은 팀 멤버의 공통점을 찾아보겠습니다. 생일, 혈액형 등 무엇이든 좋으니 최대한 많은 공통점을 찾아주세요. 구글 잼보드를 사용할 예정이니, 먼저 연습 삼아 자신이 불리고 싶은 닉네임을 스티커 메모에 써서 붙여 봅시다."

소회의실로 나누는 경우에는 팀 수와 같은 매수의 페이지를 잼보드에 준비한다. 그러고 나서 잼보드 오른쪽 위에 있는 '공유' 버튼을 클릭해 '링크 복사'를 선택하고, '액세스 권한이 있는 사용자'를 '링크가 있는 모든 사용자'로 설정해 둔다. 링크를 채팅 등을 통해 전원에게 공유한다. 각각의 페이지에 팀 번호를 써두면 구분하기 쉽다. 사용법을 연습하기 위해 각자 닉네임을 스티커 메모에 써 붙이게 한다. 다른 주제라도 좋으니 한 번씩 연습해 보면 좋다. 사용법을 익히지 못한 사람이 있다면 이 단계에서 도와준다.

② "사용법은 모두 이해하셨나요? 그러면 팀 내에서 멤버의 공통점을 찾아봅시다. 스티커 메모 한 장에 하나씩 공통점을 써 주세요. 가장 많은 공통점을 붙인 팀이 이기는 겁니다. 그러면 3분 동안 진행해 보겠습니다. 시작!"

3~5분의 시간을 설정하고 곧바로 시작하게 한다. 자신의 팀의 잼보드 페이지에 각자 내용

을 쓰도록 지시한다. 퍼실리테이터는 소회의실을 돌며 공통점 찾기에 난항을 겪는 팀이 있다면 간단한 힌트를 준다.

③ "끝입니다! 어떠셨나요? 모두 각 팀의 잼보드를 살펴봅시다."
소회의실에서 메인 세션으로 돌아와 각각의 팀이 스티커 메모를 붙인 잼보드 페이지를 화면에 공유하면서 함께 살펴본다. 각 팀이 쓴 페이지가 하나의 파일이 되기 때문에 순서대로 보여주기 쉽다는 것이 잼보드의 장점이다. 올라와 있는 공통점 중 몇 가지를 골라 언급한다.

④ "1등 팀을 발표하겠습니다. ○팀입니다! △개 공통점을 찾았습니다."
각 팀의 스티커 메모 개수를 세고, 가장 많은 1등 팀을 발표한다.

⑤ (CLOSING) "어떠셨나요? 의외의 공통점을 발견하셨나요?"

이 워크숍의 목적

서로 공통점이 없어 보였던 동료들이 서로 가까워질 수 있는 기회입니다. 그곳에 모인 이유가 이미 공통점이기는 하지만, 그 이외의 부분을 발견함으로써 더욱 강하게 '공감대'를 느낄 수 있지요. 흥미, 관심, 좋아하는 색깔, 해 봤던 운동 등 결국 '사람'이라는 테두리 안에서 모두 이어져 있습니다. 그런 인식을 다시금 확인하는 것도 재미있습니다. 연령, 성별, 소속 등이 다양한 집단에서 실시한다면 더욱 의외의 공통점을 발견할 수 있어 서로에게 친근감을 느끼게 될 것입니다.

응용하기!

● 도출한 공통점을 바탕으로 팀마다 이름을 정하거나 팀 로고를 정하는 것도 재미있습니다. 10분 정도의 시간을 주고, 이전에 만든 잼보드 페이지에 영상을 붙이거나 일러스트를 그려서 각자 팀의 이미지를 정리하도록 해 봅시다. 완성되면 팀마다 발표하도록 합니다. 팀 빌딩의 시작 세션으로 안성맞춤입니다.

익힐 수 있는 능력

● 소통 능력 ● 공감 능력 ● 팀 빌딩

팀 Q&A

06 모두의 마음을 하나로

- [x] 신입 연수
- [x] 관리자 연수
- [ ] 타 업종 교류
- [ ] 문화 다양성 연수
- [x] 팀 빌딩
- [x] 일대일
- [ ] 인재 육성
- [ ] ESG
- [x] 학교
- [x] 지역

15분

안내자
마츠바 도시오

이럴 때 도움이 된다

- 수일간 진행된 연수의 후반부라서 분위기가 늘어질 때
- 상사와 멤버를 대상으로 일대일 워크숍 도입 연수를 진행할 때

권장 인원 2~50명

준비물 없음

WORKSHOP

① "지금부터 문제를 낼 테니 '준비– 시작!'이라고 외치면 모두 그 답변을 채팅창에 적어주세요. 최대한 모두 텔레파시를 발휘해 봅시다. 가장 많은 사람이 말한 답변을 쓴 사람은 제외하고, 남은 사람들끼리 계속 퀴즈를 진행하겠습니다. 마지막에 누가 남을까요?"

사람이 2~5명 정도일 경우에는 구두로 진행해도 좋지만, 그보다 많은 경우에는 채팅을 활용한다. 전원이 답변을 채팅 란에 기입한 것을 확인한 후에 '준비– 시작!'이라고 말하면 모두가 동시에 엔터키를 누른다. 처음에 연습 삼아 한 문제를 풀어 보면 원활하게 진행할 수 있다.

② "시작해 볼까요? 좋아하는 삼각 김밥 맛은? 준비– 시작!"

처음에는 가능한 한 바로 답을 떠올릴 수 있는 간단한 질문부터 시작하는 것이 좋다. 문제를 내고 나서 '준비– 시작!'이라 구령을 외칠 때까지 몇 초간 생각할 시간이 주어지면 참가자가 당황할 일도 줄어든다.

③ "○○라고 대답하신 분이 가장 많은 것 같네요. 이렇게 답변하신 분들은 카메라를 끄고 잠시 지켜봐 주세요. 그 이외의 답변을 하신 분들은 카메라를 켠 채로 이어가겠습니다.

그러면, 정글에서 처음으로 마주칠 것 같은 동물은? 준비- 시작!"
사람이 적어질 때까지 같은 방식으로 질문과 답변을 계속한다. 퍼실리테이터는 재미있는 답변을 공유하거나 그렇게 답변한 이유를 때때로 인터뷰해도 좋다. 인원이 적게 남을 때까지 다양한 질문을 던진다.

④ "마지막 질문입니다. 당신은 카지노의 룰렛 앞에 서 있습니다. '빨강'과 '검정' 중 어디에 거시겠습니까? 준비- 시작!"
마지막까지 남은 사람을 인터뷰하고, 소감을 듣는다. 다른 질문도 던지면서 모두의 웃음을 유도하고 분위기를 부드럽게 만든다.

⑤ (CLOSING) "모두 고생하셨습니다! 서로에 대해 아는 것 같았는데, 실제로는 좋아하는 것이나 사고방식 등 모르는 것도 많이 있었지요. 같은 답을 쓰려면 서로를, 또는 다른 사람을 헤아려야 합니다. 팀을 생각하고 헤아리면서 일해 보시기 바랍니다."

이 워크숍의 목적

이 워크숍 활동을 할 때 생각하는 방식은 두 가지입니다. 상대방이나 모두에게 맞춰 답을 생각할 것인가, 어디까지나 내가 생각한 답을 관철할 것인가. 여기에서 각자의 성격이 드러납니다. 그룹으로 진행하면 대다수가 쓸 답을 목적으로 해야 게임이 끝나기 때문에 서서히 서로의 답을 생각하게 되지만, 행운을 노리고 개성을 보이는 사람도 있기 마련입니다. 그것 또한 그룹의 분위기를 흥겹게 하는 계기가 되니 고마운 일입니다. 정답을 맞히는 것보다 모두 즐겁게 참가할 수 있는 분위기를 만들어 봅시다.

응용하기!

● 일대일 워크숍을 도입하기 전 연수 등에서도 사용할 수 있습니다. 상사나 멤버가 짝이 되어 같은 답을 내면 승리, 답이 일치하지 않으면 진 것으로 간주하고 진 커플이 남도록 하는 것입니다. 종이와 펜을 준비하고, 쓴 답을 화면에 보여주게 하면 확인하기 쉽습니다. 세대나 직위를 넘어 같은 답을 쓰기 위해 서로를 생각할 기회가 됩니다.

익힐 수 있는 능력

● 협동력 ● 공감 능력 ● 소통 능력

07 스핏파이어*

두뇌를 유연하게 만들어 재빠르게 반격하자

- ☑ 신입 연수
- ☑ 관리자 연수
- ☑ 타 업종 교류
- ☑ 문화 다양성 연수
- ☑ 팀 빌딩
- ☐ 일대일
- ☐ 인재 육성
- ☐ ESG
- ☑ 학교
- ☑ 지역

5분

안내자 마츠바 도시오

이럴 때 도움이 된다

- 아침 일찍 시작되는 연수 활동으로 아직 머리가 깨어있지 않을 때
- 긴 워크숍으로 지루함을 느끼기 시작할 때

권장 인원 2~3명(많은 경우에는 소회의실로 나눌 것)

준비물 없음

WORKSHOP

① "여러분의 두뇌 회전을 빠르게 만들어 줄 워크숍을 진행해 보겠습니다. 먼저, 그룹 안에서 이름을 가나다순으로 나열했을 때 가장 앞에 있는 사람이 말하는 사람이 됩니다. 그리고 오늘 아침 가장 먼저 한 일을 한 문장으로 말해 주세요. 말이 끝나면, 듣고 있던 사람이 키워드가 되는 단어를 하나씩 말하는 사람에게 던져 줍니다. 이때 그 단어는 말하는 사람이 이야기한 문장과 완전히 동떨어진 단어여야 합니다.

예를 들어 말하는 사람이 '아침에 일어나서 세수를 했다'라고 말했고, 듣는 사람이 '사자'라고 말했다고 칩시다. 그러면 말하는 사람은 그 단어를 넣어 이야기를 이어갑니다. 예를 들어 '사자가 습격해서 이를 닦지 못했다'라는 식으로요."

순서는 연령이나 직위 등 평소의 상하관계에 영향을 받지 않도록 가나다순 등으로 정한다. 한 명이 말하는 사람, 남은 사람이 듣는 사람이 된다. 참가자가 많을 때에는 설명을 끝낸 뒤 2~3명씩 소회의실로 나눈다.

② "다섯 번 정도 같은 방식으로 듣는 사람은 단어를 던지고, 말하는 사람은 그 단어를 넣어 이야기를 이어가 주세요. 슬슬 끝내야 할 타이밍에 듣는 사람이 '엔딩'이라고 말합니다.

그러면 말하는 사람은 이야기를 끝냅니다. 정형적으로 끝맺지 않아도 됩니다. 그러면 2분 정도 진행해 볼까요?"

가능하면 실제로 누군가를 지명해 퍼실리테이터와 함께 시범을 보여주면 좋다. 참가자들이 이해한 것 같다면 실제로 진행해 본다. 퍼실리테이터는 시작과 종료 시간을 안내한다.

③ "어떠셨나요? 이번에는 말하는 사람과 듣는 사람을 교대하겠습니다. 똑같이 해 보겠습니다."

말하는 사람과 듣는 사람을 교대하고 같은 방식으로 진행한다. 퍼실리테이터는 시간을 체크한다. 세 명이 있으면 전원이 말하는 사람이 될 때까지 교대하거나 스태프가 한 명 참가해 짝을 맞춘다.

④ (CLOSING) "무사히 문장을 만드셨나요? 머리가 꽤 깨어났지요? 업무 중에는 때때로 예고 없이 의뢰나 요청이 날아들어 올 때가 있습니다. 이때 기지를 발휘해 시원시원하게 대답해 줄 수 있기를 바랍니다."

이 워크숍의 목적

분위기가 늘어지거나 머리를 깨우고 싶을 때, 두뇌를 움직이고 모두를 웃게 할 수 있는 즐거운 워크숍 방법입니다. '대화는 캐치볼'이라고도 하지만, 때로는 생각지도 못한 변화구가 날아들어 오기도 합니다. 그럴 때에도 반짝 기지를 발휘할 수 있도록 미리 연습해 두면 좋습니다. 창의력이나 순발력 훈련도 되고, 영업을 할 때 필요한 최후 협상 능력을 키울 수도 있으니까요.

응용하기!

● 진행하고 있는 워크숍이나 강연에 대한 주제를 설정해도 좋습니다. 예를 들어 'ESG(기업의 사회적, 환경적 활동을 고려하여 경영 성과를 측정하는 지표)에 대해 생각하고 있는 점', '지금 일에서 개선하고 싶은 점'이라는 주제로 첫 문장을 시작하여 확장해 가면, 생각지 못한 발상이 나올지도 모릅니다.

익힐 수 있는 능력

● 발상 능력 ● 소통 능력 ● 경청 능력

*제2차 세계대전 당시 영국에서 제작한 유명 전투기로, 엄청난 스피드를 자랑한다. 여기서는 민첩성과 순발력을 개발시켜 줄 워크숍이기 때문에 전투기의 이름을 붙인 것으로 보인다.

COLUMN

아즈마 히데아키

온라인 행사, 이 점을 주의하자!

온라인 행사를 위해서는 대면 워크숍이나 연수를 진행할 때 이상으로 사전 준비와 당일 진행 능력이 필요하다는 것을 다시금 실감하고 있습니다. 특히 사전 준비를 얼마나 잘 했는지가 당일 행사의 완성도와 질을 크게 좌우합니다. 요점을 정리해 소개하겠습니다.

요점① 면밀한 타임라인 작성(사전 준비)

온라인 워크숍이나 연수를 진행하는 데 가장 중요한 과제는 바로 시간 관리입니다. 대면 행사는 하루나 이틀 정도로 기간을 상정하고 내용을 구상하기 때문에, 도중에 행사의 분위기나 이해도를 고려해 세션 시간이나 난이도를 유연하게 조정하는 것이 쉽습니다. 하지만 온라인에서는 참가자들의 집중력 등을 고려해 3시간 세션을 3회에 나눠 진행하는 등, 워크숍 1회당 진행 시간이 매우 짧습니다. 짧으면 1시간, 길면 반나절 단위로 시간이 제약되는 경우가 많습니다.

활동 도중에 날을 넘기는 상황이 발생하면, 행사의 에너지가 뚝 떨어져 버립니다. 갑자기 대면 워크숍에서처럼 '자유 연기' 활동을 넣는다면 순식간에 시간이 지나 버릴 수도 있습니다. 따라서 엑셀 등을 활용해 면밀하게 타임라인을 작성해 두는 것이 무엇보다 중요합니다. 상세 활동 내용, 소요 시간, 소회의실 세션의 그룹 수나 시간, 어떤 질문에 어떤 툴을 사용할지 등 주의점 등을 포함해 온라인 행사를 상상하면서 아주 상세하게 디자인합니다.

물론 타임라인대로 진행되지 않는 경우도 있지만, 꼼꼼히 계획해 두면 퍼실리테이터뿐만 아니라 백업하는 IT 지원팀의 혼란도 방지할 수 있습니다. 같은 풍경을 보면서, 함께 행사를 만들 수 있는 것입니다.

요점② 온라인 도구 확인(사전 준비)

온라인 워크숍을 실현하기 위해서는 다양한 플랫폼 활용이 필수입니다. 줌, 마이크로소프트 팀Microsoft Teams, 시스코 웹엑스Cisco Webex 등 소속 조직에 따라서도 사용할 수 있는 플랫폼은 크게 달라집니다.

퍼실리테이터든 참가자든 플랫폼 사전 로그인은 물론 최신판 업데이트도 중요합니다. 온라인 플랫폼의 맹점은 버전에 따라 메뉴 버튼의 내용이 크게 달라지는 경우가 많다는 것입니다. 매일 발전하고 있기 때문에 항상 최신판으로 업데이트하는 것을 잊지 말아야 합니다.

구글 잼보드, 미로Miro를 비롯해 온라인 화이트보드나 대화를 가시화하는 툴도 다양하게 있습니다. 이 또한 사전에 참가자들에게 링크를 송부하고, 작성해 둔 연습용 페이지에 본인의 이름을 기입하게 하거나, 낙서를 해 보게 하는 등 요청사항을 미리 전달해 둡니다. 이를 통해 운영진도 참가자의 사전 로그인을 확인할 수 있어 당일에 일어날 수 있는 문제를 방지할 수 있습니다.

요점③ 참가자 카메라 관련 안내(사전&당일)

온라인에서는 오프라인만큼 상대의 상황, 표정, 감정 등을 파악하기 어렵습니다. 만일 참석자가 모자 등을 착용해서 얼굴이 잘 보이지 않게 되면 누가 말을 하고 있는지 화면상으로 충분히 알 수 없어 행사가 혼란스러울 수 있습니다. 또한 당사자가 도움을 필요로 하는지, 곤란해하는지 등 비언어적인 정보를 획득하기 어려워 사람의 감정에 영향을 받는 행사일 경우 더욱 어려움을 겪을 수 있습니다.

따라서 참가자들의 얼굴이 가려지지 않고 화면에 잘 보여야 한다는 점을 미리 안내하도록 권장합니다. 당연히 카메라는 늘 켠 상태로 유지해야 한다는 규칙을 전달하는 것도 중요합니다.

요점④ 리액션 연습(당일 시작 시)

워크숍 초반에는 리액션 연습도 꼭 실시해야 합니다. '평소보다 열 배 이상 리액션해 주세요', '크게 끄덕여 주세요', '손으로 크게 동그라미를 그려주세요' 등을 함께 연습한다면, 온라인 행사에서도 쌍방향 진행을 하기 쉽습니다.

요점⑤ 서로를 배려하는 마인드(당일 운영)

온라인에 참가하는 모든 사람에게는 각자의 사정이 있기 마련입니다. 자택에서 참가하는 사람도 있는가 하면, 차 안이나 카페, 주위에 동료가 있는 사무실 책상에서 참가하는 사람도 있습니다.

특히 자택은 매우 개인적인 공간입니다. 화면에 비치는 상대의 집에 문득 눈이 갈 수도 있지만, 사적인 공간에 대해서는 깊게 파고들어가지 않는 주의가 필요합니다. 또한 도중에 아이가 울거나, 애완동물이 화면을 가리거나, 갑자기 초인종이 울리는 경우도 있습니다. 각자의 환경에 대해 서로 배려하고 존중하면서 처음부터 무슨 일이 일어나도 괜찮다고 합의해 두면 행사에 대한 심리적 안전성을 확보할 수 있습니다.

요점⑥ 자기 휴식 장려(당일 진행)

온라인에서 장시간 동안 워크숍에 참여하다 보면 누구라도 집중력이 떨어지고 힘들 것입니다. 때로는 신체 활동을 넣거나 커피를 마시거나 간단한 간식을 먹는 등 퍼실리테이터가 먼저 자기 휴식을 실천해 그 중요성을 모두에게 전달하면 좋습니다.

PART 2

조직 편

직접 얼굴을 마주하지 않으면
좀처럼 보이지 않는 상대의 진심.
온라인에서도 밀도 있는 조직 관계를 만들 수 있는
다양한 아이디어를 모았다!

인생 전환점 일러스트 그리기

08

인생을 춘하추동으로 그려 보자

- ☑ 신입 연수
- ☐ 타 업종 교류
- ☑ 팀 빌딩
- ☑ 인재 육성
- ☐ 학교
- ☑ 관리자 연수
- ☐ 문화 다양성 연수
- ☑ 일대일
- ☐ ESG
- ☐ 지역

70분

안내자
마츠바 도시오

이럴 때 도움이 된다

- 일대일 워크숍을 통해 상대를 더욱 잘 알고 싶을 때
- 팀과 좀 더 깊은 관계를 쌓고 싶을 때

권장 인원 4~6명(많은 경우에는 소회의실로 나눌 것)

준비물 A4 용지, 화이트보드, 펜, 또는 PC상에서 그림을 그릴 수 있는 툴도 가능(최대한 직관적으로 바로 그릴 수 있는 것)

WORKSHOP

① "인생 백 세 시대라고 합니다. 백 년을 산다면 어떻게 살고 싶은지, 꿈이나 비전을 그림으로 그려 보세요. 자신의 인생에 영향을 끼친 한 장면도 좋습니다. 종이에 십자선을 그려 4등분해 주세요. 그리고 왼쪽 아래부터 시계 방향으로 봄, 여름, 가을, 겨울이라고 적어주세요. 25년마다 사계절로 비유를 들어 그려 보겠습니다. 0~25세는 봄, 26~50세는 여름, 51~75세는 가을, 76~100세는 겨울입니다. 그림을 잘 그릴 필요는 없습니다. 무엇이든 좋으니 떠오르는 생각을 직관적으로 그려주세요. 그럼 10분 드리겠습니다."
사전에 종이나 화이트보드 등 그림 그릴 수 있는 물건들을 준비하게 한다. 그림을 그릴 수 있는 소프트웨어를 사용해도 좋지만, 딱 떠오른 생각을 직관적으로 그릴 수 있어야 하니 조작이 어려운 툴은 NG. 종이라면 자신이 그린 그림을 화면에 보여주기 쉽다. 10분간 직관적으로 그리게 한다. 퍼실리테이터는 시간을 체크한다.

② "자, 그림 그리기를 멈춰 주세요. 그러면 순서대로 그림에 대해 간단하게 설명해 볼까요? 한 계절에 대한 설명이 끝나면 다른 분은 질문하거나 느낀 감상을 말씀해 주세요. 같은 방식으로 네 가지 계절에 대해 순서대로 설명과 Q&A를 진행하고, 끝나면 다음 사람과 교대합니다. 그럼, 시

작해 주세요!"

한 사람당 10~15분 정도로 진행한다. 첫 번째 사람이 봄에 대해 설명하면, 남은 사람들이 질문이나 감상을 말하고, 그 후 여름에 대해 설명하면 다시 질문과 감상을 말하는 식으로 한 계절씩 진행한다. 질문은 하나만 나와도 다음으로 넘어갈 수 있다.

인생 전환점 일러스트 예시

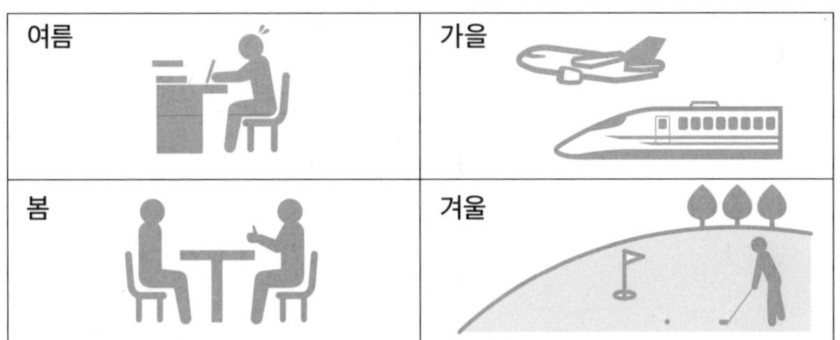

③ (CLOSING) "어떠셨나요? 질문을 받으면서 생각지 못했던 새로운 깨달음을 얻지는 않았나요? 서로의 과거를 알게 되면 서로를 좀 더 잘 이해할 수 있고, 장래 계획을 알게 되면 앞으로의 비전을 함께 그릴 수 있을 것입니다."

이 워크숍의 목적

업무상 나누는 이야기만으로는 좀처럼 알 수 없던 상대의 과거와 미래를 함께 공유할 수 있습니다. 이를 통해 상대의 가치관, 흥미, 관심사를 이해할 수 있어 더 깊은 관계를 형성할 수 있습니다. 또한 직장인은 논리적으로 생각하는 좌뇌를 사용하는 경우가 많은데, 인생을 사계절로 비유하며 감각을 구사해 그림을 그리면 우뇌를 자극하게 되어 새로운 발상과 마주할 수도 있습니다.

응용하기!

● '여행 갔을 때의 추억', '좋아하는 책' 등을 주제로 네 컷 만화를 그리고 스토리를 소개해도 좋습니다. 네 컷 만화로 그리면 그저 여행이나 책 자체를 소개하는 것에 그치지 않고 그 사람의 생각이나 경험 등 개인의 역사를 반영할 수 있기 때문입니다.

익힐 수 있는 능력

● 소통 능력 ● 공감 능력 ● 질문 능력

댄스 활동

09 함께 만들어 나가는 관계

- [ ] 신입 연수
- [x] 관리자 연수
- [x] 타 업종 교류
- [x] 문화 다양성 연수
- [x] 팀 빌딩
- [x] 일대일
- [x] 인재 육성
- [ ] ESG
- [ ] 학교
- [ ] 지역

10분

안내자
히로에
도모노리

이럴 때 도움이 된다

- 일대일 워크숍을 도입하기 전 연수
- 리더십과 팔로워십에 대해 생각하고 싶을 때

권장 인원 짝수 인원(많은 경우에는 2인 1조로 소회의실을 나눌 것)

준비물 없음

WORKSHOP

① "일대일에서는 진정한 의미의 한 명 대 한 명의 관계를 구축하는 것, 서로에게 100%의 상호관계를 만드는 것이 중요합니다. 하지만 실제로는 리더가 100%고 팀 멤버가 30%인 눈에 보이지 않는 힘의 관계가 작용합니다. 일대일에서는 서로 100%의 상호 관계를 맺고 신뢰 관계를 구축하며, 결속력을 높이는 일이 중요합니다."
일대일 관계를 구축하는 게 왜 중요한지에 대해 참가자가 납득할 수 있도록 설명한다.

② "100%와 100%란 어떤 관계인지, 100%와 0%란 어떤 관계인지 체감할 수 있는 댄스 활동이 있으니 지금부터 시작해 보겠습니다! 두 명이 한 조가 되어 춤을 출 건데요. 리더 역할을 맡은 사람이 100%, 팔로워 역할은 0%로 진행하겠습니다. 즉 리더가 춤을 이끌고 팔로워는 똑같이 흉내를 냅니다. 소회의실로 나뉘기 전에 한번 시범을 보여드리겠습니다. ○○님, 함께 춰주시겠어요?"
먼저 퍼실리테이터와 협력자가 시범을 보인다. 춤이라고 해서 잘 출 필요는 없고, 양손을 움직이거나 옆으로 움직이는 등 그 자리에서 가능한 범위면 충분하다. 퍼실리테이터를 리더라고 하고, 그 움직임을 협력자에게 흉내(팔로우)내도록 한다.

③ “이제 실제로 나뉘어서 해 보겠습니다! (소회의실로 나누고 나서) 두 명이 가위바위보를 해 주세요. 이긴 사람이 리더, 진 사람이 팔로워가 됩니다. 그럼 2분간 시작!”
두 명이 한 조로 소회의실을 나눈다. 음악을 틀어도 좋다.

④ “어떠셨나요? 다음은 리더와 팔로워를 교대하겠습니다. 2분간 시작!”
일단 메인 세션으로 돌아오고, 다시 소회의실로 나눠 역할을 바꾸도록 한다.

⑤ “끝났습니다. 그럼 마지막으로 100%와 100%로 해 보겠습니다. 리더를 정하지 않고, 서로를 보면서 함께 춤을 만들어주세요. 시작해 볼까요?”
일단 메인 세션으로 돌아오고, 다시 소회의실로 나눈다.

⑥ “끝났습니다. (메인 세션으로 돌아오고 나서) 어떠셨나요? 감상을 말씀해 주세요.”
몇 명을 지명하거나 손을 들게 해서 감상을 듣는다.

⑦ (CLOSING) “자신이 리더일 때에는 ‘따라와 줄지 불안했다’라는 의견, 팔로워일 때는 ‘흉내만 내면 되니 쉬웠다’라는 의견이 나왔네요. 하지만 양쪽이 100%일 때는 서로의 움직임을 맞추는 게 어렵긴 해도 무엇이 나올지 모르는 즐거움이나 새로운 것을 함께 만드는 감각을 맛볼 수 있었습니다. 앞으로는 그 관계를 일대일 관계에서도 만들어주세요.”

이 워크숍의 목적

상사와 부하라는 관계를 무너뜨리고, 서로가 함께 새로운 것을 만들어내는 관계임을 체감할 수 있게 하는 워크숍입니다. 온라인에서는 느끼기 힘든 신체 감각을 느낄 수 있습니다. 항상 앉아서 작업하기 때문에, 춤을 출 때는 일어서거나 화면과 떨어져 움직여도 괜찮습니다. 서로 100%의 에너지를 내는 것은 어려운 일이지만, 이를 통해 새로운 것이 생겨납니다. 또한 리더와 팔로워 양쪽 역할에 도전하면서 각자의 어려움도 체감하고 서로에게 협조하는 방법도 배울 수 있습니다.

응용하기!

● 팀워크를 주제로 수행하고 싶을 때는 4~6명 정도의 팀으로 진행해도 좋습니다. 리더를 교대해 가며 체험하면 서로가 맡은 역할의 어려움들을 이해할 수 있습니다.

익힐 수 있는 능력

● 공동 창조 능력 ● 소통 능력 ● 팀워크

10 듣기와 경청하기

경청을 체감하면서 배운다

- [ ] 신입 연수
- [ ] 타 업종 교류
- [x] 팀 빌딩
- [x] 인재 육성
- [x] 학교
- [x] 관리자 연수
- [x] 문화 다양성 연수
- [x] 일대일
- [ ] ESG
- [ ] 지역

15분

안내자
히로에
도모노리

이럴 때 도움이 된다

- 일대일을 도입하기 전 연수
- 서로의 이야기를 듣는 자세를 함양하고 싶을 때

권장 인원 **짝수 인원**(많은 경우에는 2인 1조로 소회의실을 나눌 것)

준비물 없음

WORKSHOP

① "지금부터 '경청'하는 방법을 배워보겠습니다. 특히 온라인에서 관계를 구축하기 위해서는 갑자기 '전달하기'보다는 먼저 '듣는' 것이 중요합니다. 그래서 오늘은 2인 1조로 '듣는' 연습을 해 보겠습니다. 평소 부하의 이야기에 귀를 기울이는 데 익숙하다고 생각하는 분이 많을 수도 있습니다. 하지만 (다음과 같은 자료를 보여주면서) 조언을 하는 타이밍이 너무 빠르거나, 자신의 체험담을 일방적으로 이야기하거나, 상대의 말을 끊거나, 나도 모르게 설교하려는 행동을 하고 있지는 않나요? 지금부터 3분간 경청하는 행위에만 완전히 집중하는 활동을 해 보겠습니다."

우선 '듣는다'는 행위에 대해 간단히 설명한다.

경청을 방해하는 함정

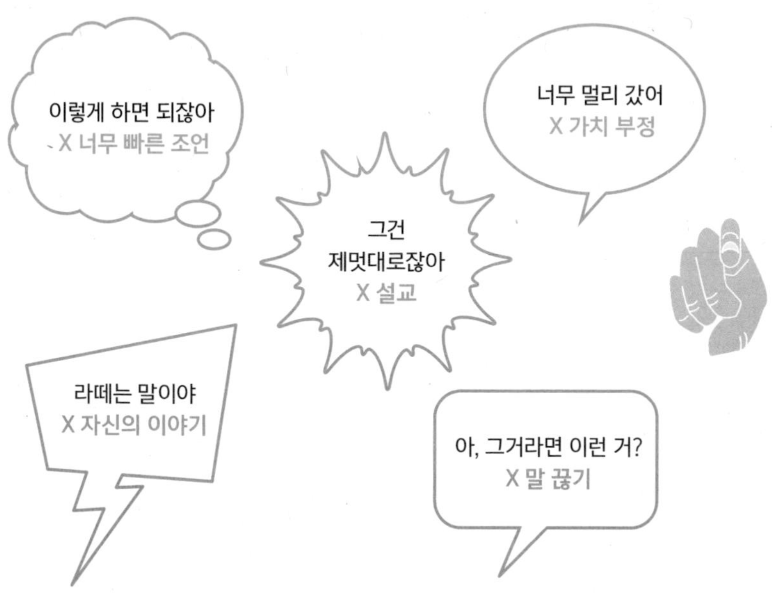

② "2인 1조로 나누겠습니다. 가위바위보를 해서 이긴 사람이 듣는 사람, 진 사람이 말하는 사람이 됩니다. 먼저 말하는 사람이 '최근 일이나 일상에서 곤란했던 점'에 대해 이야기합니다. 심각한 이야기보다는 업무나 일상생활 안에서 조금 곤란했던 정도의 일을 말합니다. 한 사람당 3분을 드리겠습니다. 시간이 되면 채팅으로 신호를 보낼 텐데요, 스스로도 시간을 체크해 주세요. 듣는 사람은 듣는 일에 온 신경을 집중합니다. 질문은 해도 좋지만 조언을 하거나 말을 잘라서는 안 됩니다. 그럼 시작해 주세요!"
2인조로 나뉘도록 소회의실을 설정한다. 퍼실리테이터는 3분간 시간을 체크한다. 이후에도 이 짝이 유지되도록 시스템을 설정한다.

③ "3분 지났습니다. (메인 세션으로 돌아와서) 여러분, 카메라를 꺼 주세요. 제가 질문을 하면 듣는 사람이었던 분은 답변을 채팅창에 적어주시기 바랍니다. ①말하는 사람은 어떤 색의 상의를 입고 있었나요? ②말하는 사람은 어떤 장신구(안경, 시계, 액세서리 등)를 걸치고 있었나요?"
3분이 지나면 일단 화면을 메인 세션으로 돌린다. 모든 참가자의 카메라를 끄고 상대의 복장 등이 보이지 않도록 한 후 옷이나 외견에 대해 질문한다. 답변은 채팅으로 쓰게 한다.

④ "(채팅 답변을 보면서) 여러분, ①은 많은 분이 써주셨는데 ②는 쓰지 못한 분이 많네요(등 첨언한다). 두 번째 사람도 진행할 테니 여러분의 파트너를 잘 봐 주세요. 그러면 다시 소회의실로 나뉘어서 아까 듣는 사람이었던 분이 이번에는 말하는 사람이 되어 '일이나 일상에서 곤란했던 점'을 말해 주세요. 한 사람당 3분씩 돌아갑니다. 그럼 시작해 주세요!"
앞서 2인 1조로 나눴던 조 그대로 소회의실을 나눈다. 퍼실리테이터는 시간을 체크한다.

⑤ "3분 지났습니다. (메인 세션으로 돌아와서) 그러면 여러분, 다시 카메라를 꺼 주세요. 이번에는 상의의 색상이나 장신구를 의식하셨을 텐데요, 각도를 바꿔 다음 질문의 대답을 채팅창에 적어주시기 바랍니다. ①말하는 사람의 목소리 톤에서 알 수 있던 것은 무엇인가요? ②말하는 사람이 중요하게 생각하는 바는 무엇인가요?"
3분이 지나면 다시 화면을 메인 세션으로 돌린다. 모두의 카메라를 끄게 하고, 이번에는 아까와 다르게 말하는 사람의 내면에 대해 질문한다. '곤란했던 일에 대한 이야기인데 어딘가 즐거워 보였다', '희망을 보고 있는 느낌을 받았다', '말로 하진 않았지만 이런 생각을 중요하게 여긴다고 느껴졌다' 등 읽을 수 있던 부분들을 채팅창에 쓰게 한다.

[읽을거리] 미야모토 무사시宮本武蔵의 가르침에서 경청의 기술을 배우다

미야모토 무사시는 사물을 넓게 내다보면서도 가까운 곳을 살피는 것이 병법의 기술이라고 논파한다. 이렇게 관점을 바꾸면서 '경청하는' 것이 중요하다.

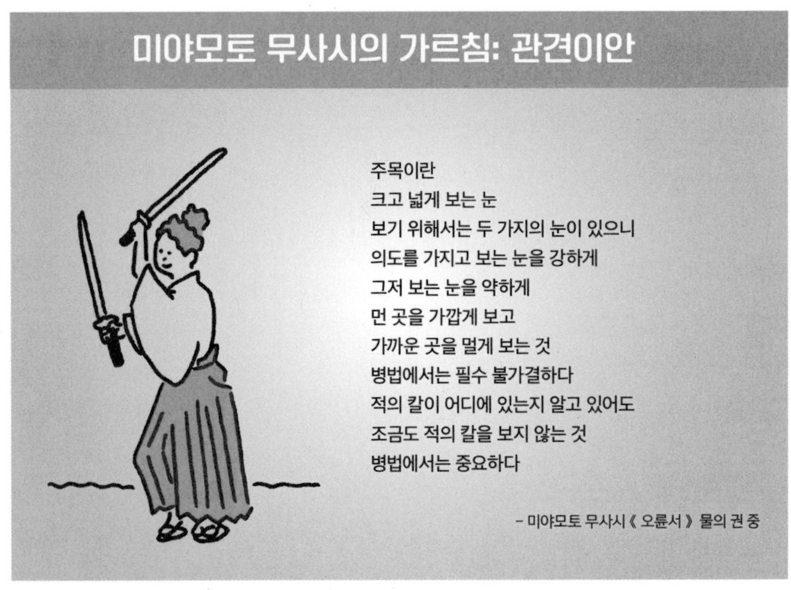

⑥ "(채팅 답변을 보면서) 다양한 답이 도착했고, 상대의 감정이나 가치관을 고려한 답도 나왔네요. 감사합니다. 나중에 두 분이서 답을 한번 비교해 보세요. '듣는' 행위에는 '그냥 듣는 것'과 '경청하는 것' 두 가지 방법이 있습니다. 중요한 것은 눈과 귀와 마음을 사용한 '경청'입니다. 처음 질문한 복장이나 장신구는 눈에 보이는 것입니다. 하지만 두 번째 질문은 눈에 보이지 않는 비언어를 읽어야 알 수 있습니다. 온라인에서는 '상대가 말하고 있는 것', 그 자체에 주목해 버리기 쉽습니다. 말하고 있는 상대의 가장 밑바탕에 깔린 생각이나 가치관, 감정 등을 느끼고, 상대와 계속 이어진 상태로 마음과 눈을 사용해 경청하는 것이 중요합니다."
실제로 체험한 후 경청의 중요성 등을 설명한다.

⑦ (CLOSING) "앞으로의 일상이나 업무 안에서 오늘 배운 경청 기술을 적용해 주시면 좋겠습니다."

이 워크숍의 목적

온라인에서는 한 화면을 응시하는 탓에 상대의 말이나 과제에만 정신이 쏠려, 그 사람 전체나 사고방식에 초점을 맞추기 어렵습니다. 영어에는 '소프트 포커스Soft Focus'라는 말이 있습니다. 사진이나 영화를 찍을 때 일부러 초점을 흐려 부드럽게 전체상을 보여주는 것인데, '경청할' 때에도 그 기법을 적용할 필요가 있습니다. 한 점을 주시하면서도 전체를 보아야 합니다. 눈과 귀와 마음으로 경청하는, 능동적인 경청 기술을 습득하시길 바랍니다.

응용하기!

● 시간이 있으면 경청에 대해 설명한 후 다시 2인 1조로 나눠 같은 방식으로 3분씩 이야기를 나누는 과정을 더 진행해도 좋습니다. 그러면 참가자 스스로 경청 능력이 향상하는 것을 체감할 수 있습니다.

익힐 수 있는 능력

● 경청 능력 ● 소통 능력 ● 팀워크

11 히어로 인터뷰

터닝 포인트에 스포트라이트를

- ☑ 신입 연수
- ☐ 타 업종 교류
- ☑ 팀 빌딩
- ☑ 인재 육성
- ☐ 학교
- ☑ 관리자 연수
- ☐ 문화 다양성 연수
- ☑ 일대일
- ☐ ESG
- ☐ 지역

30분

안내자
마츠바
도시오

이럴 때 도움이 된다

- 일대일 워크숍을 연습하고 싶을 때
- 새로운 멤버와 깊은 신뢰 관계를 맺고 싶을 때

권장 인원 2명(많은 경우에는 2인 1조 소회의실로 나눌 것)

준비물 없음

WORKSHOP

① "지금부터 자신이 가장 열심히 했던 일에 대해 이야기해 보겠습니다. 그것을 상사나 고객이 인정해줬는지, 평가가 좋았는지 등은 상관없습니다. 또한 결과적으로 실패했어도 괜찮습니다. 하지만 자신에게 터닝 포인트가 되었던 일이나 크게 성장할 수 있었던 일을 하나 이야기해 주세요. 어떤 이야기를 하면 좋을지, 잠시 생각할 시간을 드리겠습니다."
일대일 연수일 경우에는 부하가 말하는 사람, 상사는 듣는 사람이 된다. 갑자기 이야기하기 어려울 수 있으니 잠시 생각할 시간을 준다.

② "듣는 사람은 다음 두 가지를 염두하면서 상대에게 질문합니다. 첫 번째는 질문의 방법입니다. 질문에는 열린 질문과 닫힌 질문이 있는데, 최대한 열린 질문 방식으로 물어봐 주세요. 두 번째는 경청의 자세를 중요하게 여기는 것입니다. 질문에 대한 답이 바로 나오지 않더라도, 상대가 생각하는 사이 일어나는 침묵을 받아들이고 기다립니다. 그동안, 말하는 사람 스스로도 알지 못했던 생각을 인식하거나 깨달음을 얻을 수 있습니다.
업무 중에는 보통 '어디서, 무엇을' 등 육하원칙에 따라 정보를 수집하기 위한 질문을 주로 합니다. 하지만 오늘은 상대의 이야기를 마음으로 들어주세요. 상대의 가치관이나 기분, 생각을 끌

어낼 수 있는 질문이나 경청을 명심하고 진행해 보겠습니다."

시작하기 전에 듣는 사람이 지켜야 할 주의사항을 공유한다. 시간이 많다면 이 워크숍 전에 경청에 대한 강의를 진행하면 좋다.

[질문의 두 가지 포인트]

1. 열린 질문을 한다.

열린 질문Open Question 상대가 자유롭게 대답할 수 있는 질문. 여기에서는 감정이나 가치관에 중점을 둔 질문이 좋다.	예: 감정에 대해 질문한다. "그때 무엇이 제일 힘들었어요?" "어떤 기분이었어요?" 가치관에 대해 질문한다. "그때 무엇을 달성하고 싶었나요?" "그때 무엇을 중요하게 생각했나요?"
닫힌 질문Closed Question YES/NO로 대답할 수 있는 질문.	예: "그때 즐거웠나요?" "달성할 수 있어서 좋았나요?"

2. 경청한다.

육하원칙에 따라 사실관계나 사정에 집중하여 듣는 것이 아니라 그 사람의 감정이나 가치관, 생각을 접할 수 있는 내용을 질문하고, 대답을 온몸으로 받아들인다. 상대가 바로 대답할 수 없더라도 단정짓거나 말참견하지 않고, 천천히 대답을 기다린다. 공백 효과*나 오토크라인 효과**에 따라 스스로 새로운 대답을 발견하는 경우도 있다.

* 공백 효과: 모르는 내용이 있으면 그 공백을 메꾸려는 뇌의 성질. 이 성질 때문에 대답하기 어려운 질문을 만나도 그 공백을 메꾸기 위해 생각하게 된다. 그러면서 자신도 깨닫지 못했던 사상이나 생각이 떠오르는 경우도 있다.

** 오토크라인Autocrine 효과: 코칭에서 쓰이는 용어로, 자신이 이야기한 말이나 내용을 스스로 들으면서 자신의 생각을 다시금 깨닫는 것. 대화를 통해 자신이 무엇을 생각하고 있었는지 인지하고, 자신의 목소리나 아이디어를 깨닫는다. 분비된 물질이 그 물질을 분비한 세포에 작용한다는 의미의 생물학 용어에서 유래했다.

③ "그러면 시작해 보겠습니다. 먼저 말할 사람이 과거 자신이 열심히 했던 일에 대해 말씀해 주시고, 듣는 사람은 경청해 주세요."
말하는 사람에게 자신의 스토리를 말하게 한다.

인터뷰 예시

입사 2년 차에 신제품 개발 프로젝트에 참여하게 되었습니다. 그때까지 일에 대한 경험은 적었지만, 다양한 부서에서 온 사람들과 함께 모여 세상에 없었던 제품을 만들어 낼 기회를 얻었기 때문에 하루하루 큰 자극을 받으며 보냈습니다. 반년에 걸쳐 만든 제품이 대박을 치지는 못했지만, 도전을 계속하며 성장할 수 있던 나날이었습니다.

정말 좋은 경험이었네요. 계셨던 팀은 어땠나요?

그때까지 함께 일해 볼 일이 없던 기술 담당이나 영업 담당 등, 다른 부서 사람들이 모인 최고의 팀이었습니다.

최고의 팀이란 어떤 팀일까요?

서로의 전문성을 살리고, 때로는 의견이 부딪히더라도 결국 목표를 향해 모두 힘을 합칠 수 있는 팀입니다.

그런 팀이 될 수 있던 요인은 무엇이었을까요?

…… (침묵)

…… (기다린다)

…… 아마 평소 업무였다면 팀원들끼리 서로 내용을 알고 있기 때문에 쉽게 타협해 버리는 경우도 있었을 겁니다. 하지만 그때는 서로의 분야를 모르기 때문에, 더욱 상세하게 설명하거나 이해하고 넘어가겠다는 자세를 취했던 것이 좋은 팀을 만들어 낸 요소였다고 생각합니다.

④ "말하는 사람의 이야기가 끝났다면, 듣는 사람은 적당한 질문을 던집니다. 시간은 10분 드리겠습니다. 시작해 주세요!"
만약 질문하기를 어려워하는 사람이 있다면, 퍼실리테이터가 힌트를 주며 도와준다. 시간이 남았다면 감상을 공유하게 해도 좋다.

⑤ (CLOSING) "멈춰 주세요. 어떠셨나요? 일상에서 업무를 할 때는 좀처럼 상대의 기분이나 가치관에 대해 들을 기회가 없습니다. 이렇게 중요하게 여기는 경험 등을 공유하니 상대의 기분이나 가치관이 전해지지 않았나요?"

이 워크숍의 목적

자신이 중요하게 생각하는 경험을 공유하고 그에 대한 질문을 받으면, 상대가 나를 이해해 준다는 기분이 듭니다. 업무에서는 필요한 정보를 쉽게 묻지만, 기분이나 가치관까지 물을 일은 많지 않습니다. 온라인에서는 특히 기분을 묻고 받아들이는 일이 중요합니다. 상사의 평가가 신경 쓰인다든가, 고객을 걱정한다든가, 재택근무로 외로움을 느끼는 등 말로 하지 않아도 업무에 지장을 초래하고 있는 일이 숨겨져 있을지도 모르니까요. 이야기 속에서 본인이 소중히 여기는 가치관이 떠오를 것입니다.

응용하기!

● 일대일 워크숍에서는 이후 말하는 사람과 듣는 사람을 교대해서 진행해도 좋습니다. 일대일 워크숍이라고 하면 보통 상사가 멤버의 이야기를 들을 수 있는 기회를 말하지만, 멤버 또한 수동적이기만 하면 워크숍의 효과를 최대한으로 얻을 수 없습니다. 상사라고 해서 이야기를 끌어내는 데 익숙한 사람만 있는 것은 아닙니다. 교대로 진행하면서 그 어려움을 이해하다 보면, 부하가 상사를 이해하게 되기도 합니다. 서로 협력하면 일대일의 효과가 상승할 것입니다.

익힐 수 있는 능력

● 소통 능력 ● 경청 능력 ● 공감 능력

Bigger

12 경험을 통해 학습한다

- [ ] 신입 연수
- [x] 타 업종 교류
- [x] 팀 빌딩
- [ ] 인재 육성
- [x] 학교
- [ ] 관리자 연수
- [x] 문화 다양성 연수
- [ ] 일대일
- [x] ESG
- [x] 지역

5분

안내자
마츠바 도시오

이럴 때 도움이 된다

- 다양한 배경의 사람들로 무언가를 진행할 때
- 첫 모임에서 자리의 분위기를 풀고 싶을 때

권장 인원 5~8명(많은 경우에는 소회의실로 나눌 것)

준비물 없음

WORKSHOP

① "이번 규칙은 매우 단순합니다. 순서대로 앞사람이 말한 것보다 큰 것을 말해 주세요. 사물이 아니라 인류애 등의 개념이어도 좋습니다. 가위바위보로 순서를 정합니다. 처음에는 '개미'부터 시작하겠습니다. 1번부터 시작해서, '개미, XX(2회 박수), ○○' 같은 리듬으로 진행하겠습니다."
그룹에서 가위바위보를 해 처음 시작할 사람을 정한다. 가위바위보 외에도 연공서열과 상관없는 임의의 방법으로 첫 번째 사람을 정한다. 사람이 너무 많은 경우에는 소회의실로 나눈다.

② "두 번째 사람은 개미보다 큰 것을 말해 주세요. 뒤로 갈수록 점점 큰 것을 말하며 이어가 주세요. 두 바퀴 돌면 종료하고 게임을 한 여러분의 모습과 단어를 살펴봅니다. 그럼 시작하겠습니다!"
퍼실리테이터는 개미가 아니더라도 최대한 모든 참가자가 사이즈의 감을 잡을 수 있게 작은 것을 예로 들어 세션을 시작한다. 첫 번째 사람에게는 그보다 큰 것을 말하도록 지시한다. 그 후에는 시계 방향으로 두 바퀴를 돈다. 퍼실리테이터는 진행 모습을 살펴본 후 끝난 곳부터 게임에 대해 돌아보며 의견을 나누도록 지도한다.

③ "어떠셨나요? 마지막에는 무엇으로 끝났나요? 어떤 의견을 나누셨나요?"
각 팀에서 마지막에 나온 단어와 게임 회고에서 나온 의견을 각각 발표하도록 한다.

④ "점점 사이즈가 커지니 어렵지 않습니까? 그럼 지금부터 다시 진행해 볼 텐데, 아까와 똑같은 것을 말해서는 안 됩니다. 그러면 이전 게임을 돌아보며 이미 나왔던 의견을 떠올리며 다시 한 번 두 바퀴 돌도록 하겠습니다. 시작!"
퍼실리테이터는 두 바퀴를 돌게 하며, 각 팀의 진행 모습을 살펴본다.

⑤ (CLOSING) "끝났습니다. 어떠셨나요? 첫 번째 게임보다 원활하게 진행된 느낌인가요? 원활하게 두 바퀴를 돌기 위해서는 큰 것을 떠올리는 것뿐만 아니라 다음 사람을 생각해서 되도록 너무 크지 않은 것을 말하는 태도가 중요합니다. 상대를 생각하면서 자신의 의견도 내세우려면 어떻게 해야 할지 연습할 수 있는 시간이 되었기를 바랍니다."

이 워크숍의 목적

경험 학습 사이클을 체감할 수 있는 워크숍입니다. 데이비드 콜브David Kolb의 경험 학습 사이클에서는 경험→성찰→개념화(지론화)→시행→경험이라는 사이클을 반복하면서 경험치를 올립니다. 먼저 실행해 보고, 개선점이 보이면 의견을 교환하여 다시 시도합니다. 개선점을 실감하고 경험에서 배울 수 있습니다. 또한 다양한 국적의 모임이라면 평소에 사용하는 물건의 크기나 방의 크기 등 기준이 다르기 때문에, 환경이 바뀌면 상식이 달라진다는 사실을 깨닫는 계기가 되기도 합니다.

응용하기!

● '지구'와 같이 큰 것으로 시작해, 점점 작아지는 것으로 진행하는 것도 재미있습니다. 또한 첫 번째 사람이 제시한 것과 같은 크기의 것을 계속 제시하는 활동도 즐겁습니다.

익힐 수 있는 능력

● 소통 능력 ● 팀워크 ● 반성 능력

팀과 함께 마음 챙김

13 재택근무로 떨어져 있어도 서로 연결되어 있다

- ☑ 신입 연수
- ☑ 타 업종 교류
- ☑ 팀 빌딩
- ☑ 인재 육성
- ☐ 학교
- ☑ 관리자 연수
- ☐ 문화 다양성 연수
- ☐ 일대일
- ☐ ESG
- ☐ 지역

25분

안내자
히로에 도모노리

이럴 때 도움이 된다

- 일상에서 자기 치유의 기회를 갖고, 재택근무 상황에서의 스트레스를 줄이고 싶을 때
- 팀 멤버를 서로 이해하고 이어져 있다는 느낌을 받고 싶을 때

권장 인원 3~10명

준비물 스노우볼

WORKSHOP

① "먼저 간단하게 시작해 보겠습니다. 최근 Good&New(좋았던 일·새로운 발견)를 하나씩 말씀해 주세요."

시작하자마자 명상에 들어가는 것이 아니라, 간단한 아이스브레이킹을 통해 긍정적인 분위기를 형성한다. Good&New 외에 본서에 실린 다른 아이스브레이킹을 해도 좋다.

② "(스노우볼을 보여주면서) 이건 스노우볼입니다. 흔들면 눈이 흩날리지요. 이 볼은 혼돈에 빠져 있는 우리의 머릿속 상태를 의미합니다. 과거의 실패를 생각하거나 미래에 대한 걱정으로 머릿속이 어수선했던 경험이 있으신가요? 이를 정리하기 위해서는 어떻게 하면 좋을까요?"

화면에 스노우볼을 잘 보이도록 비추면서, 참가자들에게 질문하고 대답을 듣는다.

③ “(참가자가 ‘흔들지 않고 가만히 내버려 둔다’ 등의 대답을 하면) 말씀하신 대로입니다. 성급하게 이것저것 생각하는 것이 아니라, 그대로 멈춰서 ‘지금’에 집중하다 보면 사고가 깨끗하게 정리되고 마음도 몸도 차분해지는 것을 느낄 수 있습니다. 마음 챙김 명상을 실천하면 스트레스를 줄이거나 집중력을 향상하는 데에도 도움이 된다고 합니다.”

왜 이 자리에서 명상을 하는지 그 의도와 효용을 전달하며 참가자가 안심하고 참여하고 싶은 마음을 키운다.

④ “이제 의자에 앉은 채로 가볍게 눈을 감고, 등을 폅니다. 어깨는 당기고 가슴을 크게 부풀린다고 상상하면서, 발바닥은 바닥에 딱 붙이듯이 단단하게 앉아주세요. 그리고 자신의 속도에 맞춰 크게 세 번 심호흡합니다. 코로 들이마시고, 코로 내쉬세요.

신선한 공기가 폐로 들어가는 것을 느껴 보세요. ‘지금’에 마음이 머무르기 위해 호흡에 집중해 봅니다. 호흡은 지금 이 순간 자연스럽게 일어나는 것이기 때문입니다. 손을 가슴과 배에 하나씩 올려 두고 자신의 호흡을 느껴봅니다. 잡념이 일어나도 괜찮습니다. 무심無心을 목적으로 두는 것이 아니라, 잡념이 끓고 있는 자신을 깨닫고 내버려 두다가 다시 의식적으로 집중하는 과정을 반복하는 것이 중요합니다. 주의가 흐트러지면 그 사실을 알아차리고 다시 돌아오는 것을 반복해 주세요. 자신이 쉬는 숨과 뱉는 숨에 의식을 집중합니다.”

퍼실리테이터는 느리고 차분한 목소리로 설명하면서 참가자를 마음 챙김의 세계로 인도한다. 분위기 조성이 중요하다. 5~10분 정도 참가자의 모습을 보면서 시간을 체크한다.

마음 챙김 명상의 단계

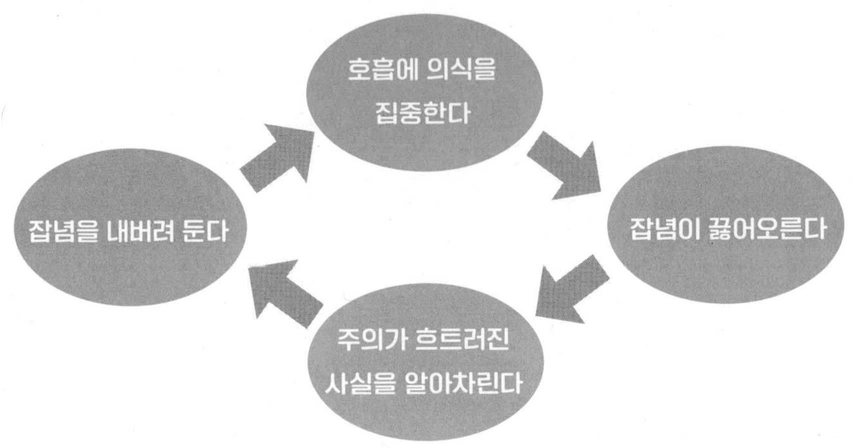

⑤ "종소리가 울리면 자신의 페이스로 돌아와 주세요. (종이나 벨을 울린다) 고생하셨습니다."

명상을 할 땐 말없이 숫자를 세기도 하는데, 참가자에게 방법을 강요하지 말고 자신의 호흡에 호기심을 가질 수 있도록 지도한다. 차분한 소리가 나는 종이나 벨을 함께 준비하면 좋다.

워크숍 진행 풍경

⑥ (CLOSING) "어떠셨나요? 이번 체험의 감상을 간단하게 공유하고 끝내겠습니다."
모두 한마디씩 감상을 말하고 끝낸다.

이 워크숍의 목적

재택근무 환경에서는 스트레스가 쌓이거나, 동료들과 만성적인 소통 부족이 일어나기도 합니다. 이 워크숍은 그런 부정적인 영향을 해소하는 기회가 됩니다. 온라인이라도 얼굴을 마주하는 기회를 통해 조직의 일체감을 키우고 업무를 떠나 연결의 장을 만들 수 있습니다. 심리적으로 안정적인 기업 문화를 만드는 효과도 함께 기대할 수 있습니다.

응용하기!

● 단발적인 워크숍이 아니라, 일상의 루틴으로 적용할 수 있습니다. 업무를 시작하기 전, 아침 시간을 이용해 실시하면 매일 좋은 리듬을 만드는 습관으로 이어집니다.

익힐 수 있는 능력

● 반성 능력 ● 마음 챙김 ● 경청 능력

하트를 만들자

14 온라인 공동 작업으로 GPDCA

- ☑ 신입 연수
- ☐ 타 업종 교류
- ☑ 팀 빌딩
- ☑ 인재 육성
- ☑ 학교
- ☐ 관리자 연수
- ☑ 문화 다양성 연수
- ☐ 일대일
- ☐ ESG
- ☐ 지역

안내자
마츠바 도시오

이럴 때 도움이 된다

- 아이를 포함해 연령 불문하고 팀워크를 쌓아야 할 때
- 리더와 팔로워의 역할에 대해 생각해 보고 싶을 때

권장 인원 8~9명(많은 경우에는 소회의실로 나눌 것)

준비물 없음

WORKSHOP

① "지금부터 각 팀마다 줌의 갤러리 보기 화면 안에서 손이나 몸을 이용해 하나의 하트 모양을 만들겠습니다. 줌의 갤러리 보기는 누구의 컴퓨터에서 보느냐에 따라 화면 표시 순서가 달라지기 때문에, 리더를 정하고 그 리더가 보는 화면에 맞춰 완성된 모양을 스크린샷으로 캡처해 주세요. 5분 드리겠습니다. 시작!"
가능하면 가장 나이가 어린 사람이나 경험이 적은 사람이 리더가 되도록 권한다.

② "끝났습니다. (메인 세션으로 돌아와서) 각 팀의 하트를 구경해 볼까요?"
각 팀에서 채팅으로 화면의 스크린샷을 보내거나 순서대로 화면을 공유하도록 한다. 메인 세션에서 각 팀의 하트 모양을 보며 퍼실리테이터는 첨언한다.

③ "그러면 자신의 팀에서 좋았던 점과 개선점에 대해 팀마다 이야기해 주세요."
아까와 같은 멤버로 소회의실을 나눈다. 3분 정도 시간을 준다.

④ "그러면 다시 한 번 도전해 보겠습니다. 5분 드리겠습니다. 시작!"

퍼실리테이터는 5분 정도 시간을 체크한다.

⑤ "끝났습니다. (메인 세션으로 돌아와서) 그러면 각 팀의 스크린샷을 채팅으로 보내 주세요. 순서대로 구경해 보겠습니다."
다시 전체 팀의 하트 모양을 순서대로 구경한다.

⑥ "가장 훌륭하게 하트를 만든 팀은 ○팀입니다! 성공 요인은 무엇이었나요?"
가장 좋았던 팀을 정하여 발표하고, 성공 요인을 모두에게 공유하게 한다.

⑦ (CLOSING) "모든 팀이 첫 번째보다 두 번째에 하트 모양을 더 예쁘게 만들었네요. 그러기 위해서는 리더의 역할도 중요하지만, 다른 멤버들이 얼마나 잘 협조했느냐가 중요합니다. 실패했더라도 좋았던 점을 검토하고, 부족했던 부분을 개선하다 보면 시도와 실수를 반복하는 과정 속에서 성장할 수 있습니다. 부디 이 경험을 다른 곳에서도 활용해 주시기 바랍니다."

이 워크숍의 목적

목표Goal를 정하고 그 목표를 향해 PDCA 사이클을 도는 GPDCA를 체험할 수 있는 워크숍입니다. 예전에는 P(계획)를 중시했지만, 지금은 VUCA(변동적Volatility이고 불확실Uncertainty하며 복잡Complexity하고 모호Ambiguity한 사회 환경을 뜻하는 말로, 1990년대 초반 처음 사용되었다)의 시대이니만큼 계획은 최대한 짧게 세우고, C(평가)와 A(개선)를 빠르게 도는 것이 필요해졌습니다. 회고할 땐 부족한 부분 먼저 반성하기 쉬운데, 그보다는 성공 요인에 주목해 성공 경험을 쌓아야 합니다. 또한 이 워크숍에서는 리더와 팔로워의 역할을 체감할 수 있기 때문에 각자의 입장에서 느끼는 어려움도 이해할 수 있습니다. 아이들 또한 집중해서 신나게 참여할 수 있기 때문에 학교 활동으로도 추천합니다.

응용하기!

- 다음에는 별 모양 만들기에 도전해 보면 어떨까요? 조금 더 도전 정신을 부추길 수 있습니다.

익힐 수 있는 능력

- 소통 능력 ● 협동력 ● 리더십

Good Work Award

15

업무를 잘 하고 있는 동료와 서로 칭찬한다

- ☑ 신입 연수
- ☑ 관리자 연수
- ☑ 타 업종 교류
- ☑ 문화 다양성 연수
- ☑ 팀 빌딩
- ☐ 일대일
- ☑ 인재 육성
- ☐ ESG
- ☐ 학교
- ☐ 지역

15분

안내자
히로에
도모노리

이럴 때 도움이 된다

- 멤버의 인정 욕구를 채우고 팀의 결속력을 향상시키고 싶을 때
- 재택근무 중에도 다른 멤버의 업무 진척 상황이나 성과에 대해 관심을 갖게 하고 싶을 때

권장 인원 10~30명

준비물 효과음 모음(https://www.bgmfactory.com/)

WORKSHOP

① "오래 기다리셨습니다. 드디어 고대하던 시간이 찾아왔습니다! Good Work Award의 목적은 모두가 업무를 훌륭히 수행하고, 주위에도 흥미를 가지며, 다른 사람의 우수한 업무 방식을 자신에게도 활용하는 것입니다. 이를 실천하기 위해 진행하는 행사가 바로 Good Work Award입니다. 이번 달의 투표수는 ○○건입니다. 전월 대비 ○○건 늘어났습니다!"
참가자들이 시상식을 즐기도록 하려면 퍼실리테이터가 최대한 분위기를 끌어올려야 한다. 사전에 투표 사이트를 만들어 놓고, 다른 멤버가 일을 잘하고 있다고 생각하면 상시 투표할 수 있도록 시스템을 준비한다. 또한 가능한 한 매월 시상식을 열어 전월 투표수와의 추이를 확인해 참여 의식을 고취시킨다.

② "두구두구두구(효과음 사이트 이용)~ 이번 달의 Good Worker는 ○○님입니다! 이런 코멘트가 쓰여 있네요(투표 코멘트를 몇 개 골라 소개한다). 축하합니다! 가능하시다면 모두 다양한 코멘트를 써서 더 신나는 분위기를 만들어주세요! ○○님, 소감 한 말씀 부탁드립니다."
투표에 따라 정해진 수상자를 발표한다. 효과음 사이트를 활용하면 더욱 긴장감을 높일 수 있다. 투표에 참여한 사람들이 자유롭게 코멘트를 쓰게 한다. 수상자를 인터뷰하기도 하면서 일의 노하우와 지식을 함께 공유한다.

③ (CLOSING) "수상하신 모든 분들 축하드립니다! 다음 달에 진행될 시상식을 목표로 다시 모두 함께 힘내 주시기 바랍니다."

이 워크숍의 목적

재택근무를 하다 보면 서로 어떤 업무를 하고 있는지, 어떤 업무 방식을 지향하고 시도하는지 알 기회가 적어집니다. 여기서 수상자의 업무 지식을 공유하면 서로에 대해 배울 수 있고, 시상식을 통해 그 직원의 인정 욕구를 채울 수 있으며, 조직에 대한 결속력 향상 효과도 기대할 수 있습니다. 기본적으로는 월말 팀 회의나 전체 회의 내 콘텐츠로 활용하며 정기적으로 진행하기를 추천합니다.

응용하기!

● 매월 실시하는 행사가 Good Work Award라면, 3개월이나 6개월 주기로 Special Good Work Award를 실시해 상금이나 트로피 등 인센티브를 주는 품격 있는 시상식을 만들어도 좋습니다.

익힐 수 있는 능력

● 팀워크 ● 협동력 ● 공동 창조 능력

하이포인트 인터뷰

16

동료를 인정할 수 있는 타인 소개

- [ ] 신입 연수
- [x] 관리자 연수
- [x] 타 업종 교류
- [x] 문화 다양성 연수
- [x] 팀 빌딩
- [ ] 일대일
- [x] 인재 육성
- [ ] ESG
- [ ] 학교
- [ ] 지역

80분

안내자 마츠바 도시오

이럴 때 도움이 된다

- 팀의 분위기를 개선하고 싶을 때
- 업무에 대한 매너리즘에 빠져 있을 때

권장 인원 4~6명(많은 경우에는 소회의실로 나눌 것)

준비물 하이포인트 인터뷰 활동지

WORKSHOP

① "먼저 두 명이 한 조가 되어 인생 최고의 경험에 대해 서로를 인터뷰해 주세요. 한 사람은 20분 동안 활동지에 있는 질문을 순서대로 물어봅니다. 상대를 대신 소개해 줄 예정이니, 메모를 하면서 빠짐없이 질문해 주세요."

사전에 인터뷰 활동지를 송부하거나 채팅을 통해 내용을 공유해 둔다. 퍼실리테이터는 질문이 있는 참가자에게 성실하게 답한다. 활동지의 서두에 기재된 주의사항('인터뷰 전에')에 대해서는 퍼실리테이터가 구두로 설명해도 좋다. 설명이 끝나면 두 명씩 소회의실로 나눈다.

[활동지] 하이포인트 인터뷰

인터뷰 전에

① 말하는 사람이 차분하게 이야기할 수 있는 환경을 만들어 주세요.
② 인터뷰할 때는 ①~⑤의 질문을 천천히 소리 내서 읽어 주세요.
③ 이야기를 들을 때는 '끄덕'이거나 '맞장구'를 치면서 말하는 사람이 이야기하기 편안한 분위기를 만들어 주세요.
④ 인터뷰가 끝나면, 인터뷰에서 들은 이야기를 공유하는 시간이 있습니다. 모든 내용을 다 재현할 필요는 없지만, 들은 이야기의 흐름이나 요점을 기억하기 쉽게 간단하게 메모해 주세요.
⑤ 조언하거나 의논하는 시간이 아닙니다. 자신의 경험이나 생각을 말하면서 상대의 말을 중간에 끊지 말고 말하는 사람의 이야기에 호기심을 가지고 귀를 기울여 주세요.
⑥ 말하는 사람을 이해하게 되고, 새로운 점을 발견하는 시간을 즐겨 주세요.

하이포인트 인터뷰 질문 <○○님에 대해>

① 당신이 최고로 빛났을 때는 언제인가요? 그 당시 어떤 꿈과 목표를 가지고 있었나요?
② 당신이 지금까지 속한 조직이나 팀에서 당신과 조직이 함께 가장 빛났을 때는 언제인가요? 또한 당신은 그를 위해 어떤 공헌을 하였나요?
③ 왜 그때 가장 빛나고 있다고 느꼈나요? 그때 당신은 어떤 생각과 가치관을 가지고 있었나요?
④ 눈을 뜨면 당신은 5년 후의 세계에 있습니다. 당신의 조직이나 팀에서는 그 사이에 다양한 활동을 진행했고 모두가 보람을 느끼면서 활동하고 있습니다. 거기서는 어떤 일이 일어나고 있나요? 당신은 어떤 기분인가요?
⑤ 당신의 조직에 새로운 멤버가 들어왔습니다. 당신은 그 새로운 멤버에게 5년간 일어난 변화에 대해 이야기하고 있습니다. 이 조직이나 멤버들은 어떤 결단을 내리고 어떤 변화를 일으켜 왔나요? 또한 당신은 어떤 공헌을 했나요?

② “듣는 사람과 말하는 사람을 정해 인터뷰를 시작해 주세요. 한 질문 당 4~5분의 시간을 드릴 테니 적절하게 질문을 추가하면서 상대를 더욱 깊이 있게 알아갈 수 있도록 진행합니다.”
전체 진행 상황을 보면서, 한 사람당 20~30분 동안 인터뷰를 진행하게 한다.

③ “첫 번째 인터뷰가 끝났다면 이번에는 역할을 바꿔 인터뷰를 진행해 보겠습니다.”
같은 방식으로 이번에는 듣는 사람과 말하는 사람을 교대해 인터뷰를 진행하게 한다. 퍼실리테이터는 전체 진행 상황을 보면서 시간을 체크한다.

④ “끝나셨나요? 그러면 이번에는 4~6명이 한 조가 되어 상대방을 소개해 보겠습니다. 지금 인터뷰한 상대에 대해 한 명 당 5분씩 돌아가며 소개해 주세요. 듣는 분들은 그 이야기를 듣고 공감 가는 일이나 생각이 떠오르면 자유롭게 채팅으로 적어주세요. 시작하겠습니다.”
인터뷰가 끝나면 일단 소회의실에서 메인 세션으로 돌아온다. 다시 설명을 한 후 4~6명으로 소회의실을 나눠 그룹 내에서 순서대로 타인 소개하기를 진행한다. 이때 서로 인터뷰한 짝은 반드시 같은 그룹에 들어가도록 조정한다. 상대방을 소개하는 하는 사람 이외에는 이야기를 들으면서 채팅에 느낀 점들을 바로바로 쓰게 한다. 공감한 점 등, 가능한 한 긍정적인 피드백을 쓰도록 한다.

⑤ "첫 번째 분은 말씀이 끝나면 꼭 채팅에 적힌 코멘트를 읽어주세요. 다른 분들의 공감이나 감상을 보면 부끄러울 수도 있지만 기쁘기도 할 겁니다. 지금부터 순서대로 타인 소개를 할 테니, 모두 같은 방식으로 코멘트를 적어주세요. 그러면 두 번째 분 시작하겠습니다."
채팅에 쓰여 있는 코멘트를 읽을 시간을 주고, 다음 사람으로 넘어간다. 같은 방식으로 멤버 전원이 순서대로 이야기할 수 있게 시간을 체크하면서 진행한다.

⑥ (CLOSING) "모두 끝나셨나요? 다른 사람이 자신을 소개하는 것을 들으면서 본인의 새로운 면을 발견한 사람도 있을 겁니다. 또한 서로 긍정적인 피드백을 주고받으며 팀으로서 좋은 관계를 쌓을 수 있었겠지요."

이 워크숍의 목적

사람들은 '지금'에 대한 불평불만을 말하기 쉽습니다. 하지만 과거와 미래에 대해 이야기하고, 다른 사람에게 설명하는 과정을 통해 긍정적인 시점으로 바라보며 이야기할 수 있게 됩니다. 또한 자신의 소중한 경험을 다른 사람이 차분하게 들어주고 공유한다면, 받아들여진다는 느낌을 받을 수 있습니다. 그리고 그 이야기를 타인 소개라는 형태로 다시 들으면 인정받았다고 느끼거나, 소중히 여기고 있었지만 알아차리지 못했던 가치관을 발견할 수 있을 것입니다.

응용하기!

● 스포츠 선수라면 경력에 한 획을 그을 수 있는 큰 대회에 대해 이야기하는 등, 각자 주제에 맞는 내용으로 질문을 바꿔도 좋습니다. 포인트는 과거의 영광뿐만 아니라 미래에 대해서도 이야기하는 것입니다. 참가자가 홀수일 때에는 운영진이 들어가 짝을 맞춥니다.

익힐 수 있는 능력

● 소통 능력 ● 경청 능력 ● 팀워크

리더십 탐구

17 자신이 생각하는 리더상과 미래상을 그린다

- ✓ 신입 연수
- ☐ 타 업종 교류
- ✓ 팀 빌딩
- ✓ 인재 육성
- ✓ 학교
- ✓ 관리자 연수
- ☐ 문화 다양성 연수
- ✓ 일대일
- ☐ ESG
- ✓ 지역

40분

안내자
고우라
요시히로

이럴 때 도움이 된다

- 방향성을 새롭게 정립하고 싶을 때
- 기존 팀이 조금씩 무너지기 시작할 때

권장 인원 4~6명(많은 경우에는 소회의실로 나눌 것)

준비물 리더십 일람, 구글 잼보드

WORKSHOP

① "지금부터 리더십에 대해 생각해 보겠습니다. 리더십이 필요한 사람은 팀의 리더뿐만이 아닙니다. 한 사람 한 사람이 책임감을 가지고 자신이 담당하고 있는 역할을 맡아서 해나가려면 자기 자신의 리더기도 해야 합니다. 이번에는 자신의 리더십이 무엇일지 다시금 되물어 보겠습니다. (화면을 공유하며) 먼저, 여기 일람을 봐 주세요. 이 중에서 자신이 가장 잘 발휘할 수 있을 것 같은 리더십을 한 가지 골라, 구글 잼보드에서 자신의 페이지 왼쪽에 있는 스티커 메모에 적어주세요."

사전에 리더십 요소가 적힌 일람을 준비한다. 일람은 그때그때 참가자나 워크숍 목적에 맞게 준비하면 좋다. 잼보드에는 사전에 참가자들의 이름을 넣어 두거나, 각자 써 넣게 해 본인의 페이지를 알아볼 수 있게 준비한다. 페이지 정중앙에 선을 긋고 좌우로 나눈다. 각자 자신의 스티커 메모 색상을 정하게 하면 알아보기 쉽다. 퍼실리테이터는 참가자가 잘 썼는지 확인하면서 진행한다.

리더십 일람 예시

목표를 확실하게 설정할 수 있다	실패를 통해 배우고 다음 기회에 활용한다	적절한 판단을 내릴 수 있다	업무를 예정대로 수행할 수 있다
소통 능력이 있다	결과를 낼 수 있다	창조력과 창의력이 있다	모두에게 성실하다
다양성을 추진한다	멤버의 사기를 유지시킬 수 있다	끝까지 책임질 수 있다	멤버를 훌륭하게 키울 수 있다
관용을 베풀 수 있다	늘 배우는 자세로 호기심이 있다	신뢰를 얻을 수 있다	쾌활하고 일관성 있다
신념과 결단력이 있다	팀 전체의 이익을 생각한다	넓은 시야로 사고할 수 있다	논리적으로 생각하고 설명할 수 있다

② "다음으로, 지금은 발휘할 수 없지만 앞으로 강화하고 싶은 리더십을 한 가지 골라 스티커 메모에 쓰고, 잼보드 페이지 오른쪽에 붙여주세요."
이번에는 리더십 요소를 골라 오른쪽에 붙이게 한다. 퍼실리테이터는 참가자가 제대로 썼는지 확인하면서 진행한다.

③ "그러면 그룹으로 나뉘어서, 서로의 페이지를 확인해 보겠습니다. 다른 멤버가 가장 잘 발휘할 수 있는 리더십, 그리고 그 사람이 더 강화하면 좋을 리더십을 한 가지씩 골라 스티커 메모에 쓰고 그 사람의 페이지에 붙여주세요."
소회의실로 4~6명씩 나누고, 각자 그룹 내에서 서로의 페이지에 스티커 메모를 붙이게 한다. 퍼실리테이터는 모두가 스티커 메모를 붙였는지 확인한다.

④ "(메인 세션으로 돌아와서) 그러면 다시 자신의 페이지를 봐 주세요. 자신이 고른 리더십과 주위 사람들이 당신에게 느낀 리더십은 다를 수도 있습니다. 새롭게 깨달은 것이 있나요? 그러면 다시 자신의 페이지를 보고 현재 자신의 리더십을 가리키는 말을 표에서 한 가지 골라 스티커 메모에 쓰고, 왼쪽에 붙여주세요. 처음과 같아도 달라도 괜찮습니다. 그 스티커 메모에 알아보기 쉽도록 빨간 동그라미를 쳐 주세요. 그리고 자신이 고른 리더십을 가리키는 이미지 카드를 한 장 골라 그 가까이에 붙여 봅니다."
잼보드나 이미지 사이트에서 사진 이미지 카드를 가져와 참가자가 복사 붙여넣기 할 수 있도록 준비한다. 이 책은 '배움을 지속하는 교육자를 위한 협회REFLECT'가 작성한 오리지널 이미지 카드를 사용했지만, 다른 이미지 카드를 사용하거나 직접 만들어 사용해도 좋다.

카드 예시

⑤ "앞으로 자신의 리더십 목표로 삼을 말을 일람에서 한 가지 골라 스티커 메모에 적고, 오른쪽에 붙여주세요. 처음과 같아도 달라도 좋습니다. 그 스티커 메모에 빨간 동그라미를 쳐 주세요. 그리고 자신이 고른, 앞으로 목표로 삼을 리더십을 가리키는 말에 어울리는 이미지 카드를 한 장 골라 그 가까이에 붙입니다."

이번에는 오른쪽에 자신의 미래 리더십으로서 강화하고 싶은 말을 골라 스티커 메모에 쓰게 한다. ④와 동일하게 이미지 카드에서 적절한 이미지를 골라 붙이도록 안내한다. 퍼실리테이터는 참가자들의 작업이 모두 끝났는지 확인하면서 진행을 이어나간다.

⑥ "그러면 순서대로 자신의 리더십의 현재와 미래에 대해, 완성한 페이지를 보여주면서 설명해 주세요. 한 사람당 2분 정도의 시간을 드리겠습니다. ○○님부터 부탁드립니다."

완성된 잼보드를 한 페이지씩 퍼실리테이터가 화면으로 공유해 보여주면서 작성자가 직접 발표하게 한다. 연공서열 등에 영향을 받지 않도록 순서는 퍼실리테이터가 임의로 정해주거나 가나다순 등으로 지정해도 좋다.

⑦ (CLOSING) "이번에 발견하게 된 여러분의 새로운 리더십을 향해, 조금씩 행동해 나가면 좋겠습니다."

리더십 잼보드 예시

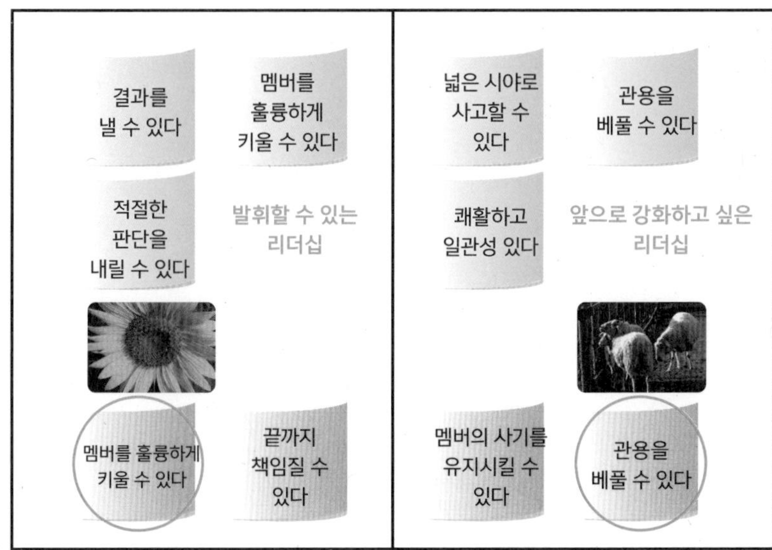

직장이나 학교에서는 매년 초에 목표를 세울 수 있는 기회가 많습니다. 그냥 목표만 세우라고 해도 뚜렷한 이미지가 떠오르지 않으면 공허한 말이 되어 버리기 십상입니다. 소중히 여기는 가치관은 사람마다 다릅니다. 이렇게 일람을 만들어 두면 각자의 마음속에 담긴 말 중 하나는 그 일람에 담겨 있을 것입니다. 이미지 카드를 사용하면 더욱 직관적으로 머리에 그림이 그려집니다. 또한 자신뿐만 아니라 주위 사람들이 평가하는 내 모습을 알게 되면서 자신감으로도 이어질 수 있습니다.

응용하기!

● 구체적으로 쓴 리더십이니만큼, 늘 보이는 곳에 붙여 두거나 학기나 연도 말에 진행하는 본인과의 일대일 워크숍이나 면담 때 회고해 봐도 좋습니다.

● 개인으로 진행한 후 팀에서의 목표를 정하는 것도 좋습니다. 포트폴리오로 활용할 수 있습니다. 구체적인 방법은 Q.11에서 설명하겠습니다.

익힐 수 있는 능력

● 리더십 기술 ● 반성 능력 ● 소통 능력

18 7단계 합의

혁신을 방해하는 요인을 찾자

- [ ] 신입 연수
- [ ] 타 업종 교류
- [x] 팀 빌딩
- [x] 인재 육성
- [ ] 학교
- [x] 관리자 연수
- [x] 문화 다양성 연수
- [ ] 일대일
- [ ] ESG
- [ ] 지역

60분

안내자
히로에 도모노리

이럴 때 도움이 된다

- 팀이나 조직에서 정한 새로운 비전을 실행하기 전, 의사를 통일시키고 싶을 때
- 비전을 향한 현장의 실행력을 향상시키고 싶을 때

권장 인원 4~6명(많은 경우에는 소회의실로 나눌 것)

준비물 7단계 합의 그림

WORKSHOP

① "이 팀에서는 이번 기회에 '□□'라는 비전(목적)을 세웠습니다. 오늘은 여러분의 진심을 듣고 싶으니 꼭 말씀해 주세요. 이 비전에 대해, 그림에 있는 7단계 중 여러분의 생각이 어디에 가장 가까운지 솔직하게 투표해 주시기 바랍니다. 팀 모두가 100% 납득하기는 어렵더라도 긍정적인지 부정적인지, 또는 '지금 할 일은 아니다'라고 생각하고 있는지 등 그 마음을 보고 싶습니다. 그러면 투표를 시작하겠습니다."

7단계 그림을 화면에 공유하고, 줌의 스탬프 기능을 이용해 하나에 투표하도록 한다.

② "(모두 투표하면) 감사합니다. (투표 결과를 보면서) 대부분 찬성 의견을 주셨지만, 조금은 반대 의견도 보이네요. 만약 괜찮으시다면 좀처럼 오지 않는 기회이니만큼 생각하고 계신 의견이나 말씀을 들려주실 수 있을까요?"

투표 내용에 따라 '어딘가 납득이 가지 않는 부분이 있는 것 같은데 어떠신가요?' '어떻게 하면 좋아질까요?' 등 의견을 묻는다. 답변을 재촉하지 말고, 잠시 시간을 주고 기다린다. 그래도 말하기 어려워 한다면 채팅으로 쓰게 해도 좋다. 또한 참가자의 의견을 부정하거나 판단하려 하거나 설득하려 하지 말고, 최소한 중립을 지킨다.

7단계 합의

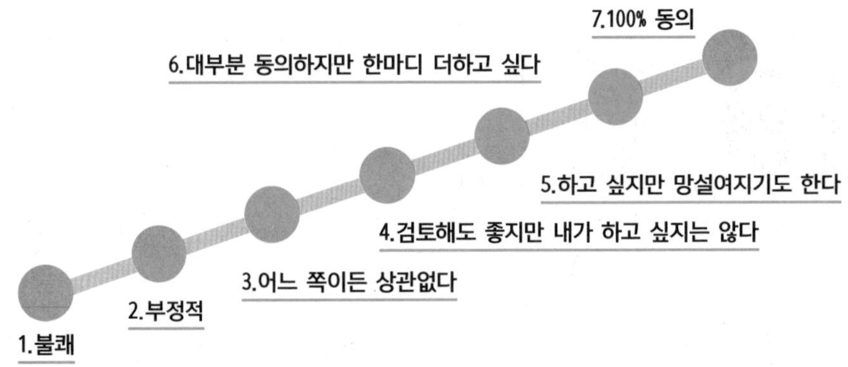

③ (CLOSING) "감사합니다. 모두가 이 비전을 향해 한 몸이 되어 달려가 주시면 좋겠습니다."

이 워크숍의 목적

조직에서 세운 비전에 반대 의견을 내는 것은 어렵지만, 스탬프를 찍거나 투표를 하는 행동은 그 장벽을 조금 낮춰 줍니다. 또한 각자의 생각을 교환하면 이해받고 있다는 느낌도 줍니다. 부정적인 의견에 대해서는, 대화를 통해 오해하고 있던 점을 확인하거나 제3안을 만들어내기도 합니다. 중요한 점은 목소리를 낼 수 있는, 안심할 수 있는 자리를 만드는 것입니다. 조직의 비밀 상자를 조금씩 열어 서로의 시야를 맞춰 갑시다.

응용하기!

● 시간이 있다면 논의 후 다시 투표를 진행해 의사를 통일할 수 있다는 점을 보여주는 것도 좋습니다. 또한 여기에서 나온 개인의 액션 플랜이나 선언을 구체화해 향후의 행동으로 이어갈 수도 있습니다.

익힐 수 있는 능력

● 소통 능력 ● 공동 창조 능력 ● 팀워크

가치 대화

19 회사의 지침을 개인에게 적용한다

- [x] 신입 연수
- [x] 관리자 연수
- [ ] 타 업종 교류
- [ ] 문화 다양성 연수
- [x] 팀 빌딩
- [ ] 일대일
- [x] 인재 육성
- [x] ESG
- [x] 학교
- [ ] 지역

60분

안내자
마츠바 도시오

이럴 때 도움이 된다

- 회사의 미션과 가치가 존재하지만 사원이 이해하지 못할 때
- 조직의 새로운 방침을 멤버들에게 공유하고 싶을 때

권장 인원 몇 명이든 가능(많은 경우 4~6명씩 소회의실로 나눌 것)

준비물 조직의 방침이나 가치를 기재한 자료, 백지 한 장

WORKSHOP

① "가장 먼저 회사의 가치를 다시 확인해 보겠습니다. 평소 낯익은 내용일 수도 있지만, 오늘은 더욱 구체적으로 생각해 보겠습니다. 회사의 가치는 (화면을 공유하면서) ○○, △△, □□입니다. 먼저 이 중에서 여러분이나 팀 멤버가 가장 먼저 실천할 수 있을 것 같은 가치는 무엇인가요? 투표해 주세요."

회사의 가치나 가치 규범에 대한 문장을 사전에 준비하고, 화면 공유를 통해 워크숍 초반에 모두 함께 확인한다. 각 가치 앞에 번호를 적어 놓는다. 줌의 투표 기능을 활용해 팀의 현황을 파악하면 좋다.

② "○○가 많네요. 그럼 지금 고른 가치의 번호별로 소회의실로 나뉘어서, 왜 그 가치를 골랐는지 공유해 보겠습니다. 오늘은 그룹으로 이야기를 나눌 시간이 몇 번 있을 텐데요. 그때마다 '다이얼로그'라고 불리는 대화 방식을 사용하겠습니다. 대화 방식에는 '다이얼로그Dialog'와 '디스커션Discussion'이 있는데, 디스커션에서는 의견을 교환해 서로의 타협점을 찾지만 다이얼로그에서는 마지막에 답을 도출할 필요가 없습니다. 서로 의미나 경험을 나누고, 판단을 보류하면서 서로에게 질문하지요. 그렇기 때문에 같은 가치를 고른 사람들의 의견이 서로 다르더라도 답을

하나로 모을 필요는 없습니다. 모두의 의견을 듣고, 서로에게 질문해 주세요. 소회의실로 나뉠 것이기 때문에 여러분의 표시 이름 앞에 본인이 고른 가치 번호를 넣어주시기 바랍니다."

줌의 표시 이름을 변경해 이름 앞에 투표한 번호를 기재하게 하면, 소회의실로 나눌 때 번호별로 식별할 수 있어 편리하다. 소회의실로 나뉘면 왜 그 가치를 골랐는지 그 이유에 대해 서로 이야기하게 한다. 한 그룹의 인원이 7명을 넘길 경우에는 두 그룹으로 나눠도 좋다. 반대로 인원이 한 명밖에 없는 경우에는 두 명 이상이 되도록 누군가를 이동시킨다. 참가 인원 수에 따라 다르지만 그룹 모두가 이야기할 수 있도록 10~20분 정도 시간을 체크한다.

다이얼로그와 디스커션의 차이

다이얼로그(대화): 각자 의견을 내면서 그 의미나 이해를 탐구해 나가기 위한 대화 방식.

디스커션(논의): 의견을 내고 서로의 주장을 맞부딪치면서도 가장 적정한 하나의 답을 찾아가는 대화 방식.

③ "끝입니다. (메인 세션으로 돌아와서) 각 그룹마다 어떤 이야기가 나왔는지 모두에게 공유해 주시겠어요? 1번 그룹부터 부탁드립니다."

이야기 나눈 내용을 모두와 함께 공유한다. 각 그룹에서 한 명씩 간단하게 이야기한다.

④ "다음으로, 가치 중에서 본인이나 팀 멤버가 가장 실천하기 어려운 것은 무엇인가요? 그 번호에 투표해 주세요."

다시 가치 일람을 화면에 공유하고 투표하도록 한다.

⑤ "이번에는 △△가 많았습니다. 그러면 이번에는 지금 고른 가치별로 다시 각각의 그룹으로 나뉘어서, 왜 실천하기 어렵다고 생각했는지 서로 이야기해 보겠습니다. 소회의실로 나뉠 것이기 때문에, 자신의 표시 이름 앞에 선택한 가치 번호를 넣어주세요."

이번에는 실천하기 어렵다고 생각한 가치에 따라 그룹을 만들어 소회의실로 나눈다. 앞 단계와 똑같이 표시 이름의 맨 앞에 번호를 기재하게 하면 그룹 나누기가 수월하다.

⑥ "그러면 왜 그 가치를 실천하기 어렵다고 생각했는지 그룹마다 생각을 공유해 보겠습니다."
참가 인원수에 따라 다르지만 모두가 이야기할 수 있도록 10~20분 정도 시간을 체크한다.

⑦ "끝입니다. (메인 세션으로 돌아오고 나서) 각 그룹마다 어떤 이야기를 나눴는지 모두에게 공유해 주시겠어요? 1번 그룹부터 부탁드립니다."
발표하는 순번은 앞 단계의 역순 등 임의로 지정해도 좋다. 다시 순서대로 대화 내용을 공유하게 한다.

⑧ "회사의 가치를 실현하기 위해 내일부터 스스로 할 수 있는 일이나 집중해 보고 싶은 일이 있다면 어떤 게 있을지 생각해 볼까요? 첫 번째, 두 번째 대화나 모두에게 공유한 내용을 포함하거나 이번에는 새로운 항목을 골라도 괜찮습니다. 한 가지 가치를 선택하고 실천할 내용을 생각해 주세요. 이제 내일부터 실천할 가치를 하나 골라 투표해 보겠습니다."
앞으로 자신이 구체적으로 실천할 가치를 선택해 투표하게 한다.

⑨ "선택한 가치마다 나뉘어서 구체적으로 어떤 일을 실천할지 서로 선언해 주세요."
다시 선택한 가치에 따라 소회의실로 나누고, 이야기를 나누게 한다. 이번에는 바로 실행할 수 있는 구체적인 내용을 생각하게 한다. 퍼실리테이터는 그룹을 돌며 실천 방안을 고민하는 사람이 있다면 도와준다.

⑩ "끝입니다. (메인 세션으로 돌아오고 나서) 각 그룹마다 어떤 이야기를 나눴는지 모두에게 공유해 주시겠어요? 1번 그룹부터 부탁드립니다."
다시 순서대로 대화 내용을 모두에게 공유하게 한다.

⑪ "마지막으로 여러분이 이야기하신 내일부터의 액션 플랜을 종이에 써서 선언해 보겠습니다. 여러분 앞에 놓인 종이에 적어주세요."
사전에 종이 등을 나눠주거나 파일을 미리 공유한다. 가능하면 나중에 다시 볼 수 있도록 그 자리에서 없어질 것이 아니라 각자가 보관할 수 있는 형태로 하는 것이 좋다.

⑫ (CLOSING) "지금 쓰신 액션 플랜을 가끔이라도 다시 열어보시길 바랍니다. 회사의 가치도, 실제로 한 사람 한 사람이 행동으로 구현하지 않으면 실현되지 않습니다. 여러분이 할 수 있는 일부터 시작해 봅시다."

이 워크숍의 목적

회사가 아무리 미사여구를 늘어놓더라도, 제시한 가치가 사원 한 사람 한 사람에게 스며들어 행동으로 이어지지 않는다면 회사는 앞으로 나아가지 않습니다. 다이얼로그를 통해 가치에 대해 사람마다 다르게 이해할 수도 있고, 의미를 오해하고 있었다는 사실을 깨닫는 사람도 있을 겁니다. 톱다운 방식으로 내리누르지 말고 대화를 통해 구체적인 행동으로 바꾸는 것이 중요합니다. 조직은 한 사람 한 사람의 개인으로 이뤄집니다. 그 한 사람이 가치를 이해하고 팀이나 조직의 일원이 되는 것이 이 워크숍의 목적입니다.

응용하기!

● 부서나 업무 그룹 등 팀별로 이야기를 나눠도 좋습니다. 팀 전체가 어떤 가치를 향해 나아갈지, 팀으로서 내일부터 개선할 수 있는 일이나 행동할 수 있는 일은 무엇이 있을지 의식을 공유할 수 있습니다. 회사의 미션, 스포츠 팀의 방침, 학급의 활동 방침 등 각각의 조직에 맞는 주제로 시작하기를 추천합니다.

● 액션 플랜을 반년 후, 3개월 후, 1주일 후 등으로 세분화히여 목표를 작성해도 좋습니다.

익힐 수 있는 능력

● 소통 능력 ● 반성 능력 ● 팀워크

COLUMN

마츠바 도시오

온라인 일대일 워크숍의 비결

비즈니스의 중심이 조금씩 온라인으로 이동하면서 재택근무를 도입하는 기업이 늘어났고, 앞으로도 현장과 재택근무는 공존할 것으로 보입니다. 문제는 재택근무를 하면서 사내 소통이 급속도로 줄어들었다는 것입니다. 자그마한 의문이 생겼을 때 가까이 있는 상사에게 질문을 하며 말을 걸던 멤버들도 온라인에서는 특별한 질문 없이 조용합니다. 간단한 대화로 해결할 수 있는 문제들을 제때 풀지 못해, 작은 의문과 걱정이 쌓이기도 합니다. 상사가 이를 알아차렸을 땐 이미 수습하기에 늦은 경우도 있을 겁니다.

이 시점에서 주목받는 것이 일대일 워크숍입니다. 지금까지 여러 방면에서 실천하던 기업은 물론, 재택근무를 도입하면서 온라인 일대일 워크숍을 적용하는 기업이 점점 늘고 있습니다.

일대일 워크숍은 기본적으로 상사가 멤버의 이야기를 듣는 자리이며, '멤버를 위한 시간'입니다. 상사가 멤버에게 설교를 늘어놓거나 일이 진척되지 않는 이유를 캐묻는 시간이 아니니, 이 대전제는 숙지할 필요가 있습니다. 멤버가 일에 대해 품고 있는 걱정이나 고민뿐만 아니라 사생활에 대한 상담이나 생각을 들을 수 있고, 몸 상태 등을 확인하는 기회가 되기도 합니다. 재택근무로 일상적인 소통의 벽이 높아져 버린 상황을 타파하게 해 주는 수단 중 하나가 될 것입니다.

이번에는 일대일 워크숍을 도입할 때 고려해야 할 점을 이야기하겠습니다.

일대일 워크숍을 도입할 때 생각해야 할 점

① 톱다운 도입이 필수, 인사평가와 연계할 것

오늘날 업무 관리자 중 9할은 플레잉 매니저(스포츠에서 선수와 감독을 겸하는 사람을 의미함)라고 할 정도로, 자신도 실무를 담당하면서 멤버들을 지도하고 있습니다. 좀처럼 멤버 관리에 시간을 쏟기 힘들죠. 그렇기 때문에 일대일 워크숍 도입을 위해서는 상부가 반드시 결단을 내리고 추진해야 합니다. 물론 일대일 워크숍 진행에 대해서도 평가해 관리자의 업무와 평가에 적용시켜야 합니다.

일대일 워크숍 자체는 업무와 직접적으로 연관되어 있지 않다고 생각하기 쉽지만, 멤버들이 고민을 이야기하지 못한 채 이직이나 퇴직을 결심한다면, 기업은 크나큰 손실을 입게 될 겁니다. 기존 사원들의 결속력을 높이기 위해서라도 한 사람 한 사람의 목소리를 기업이 성실하게 듣고 있다는 점을 어필하는 일대일 워크숍은 큰 효과를 불러올 수 있습니다. 일대일 워크숍은 기본적으로 내적인 부분을 건드리지만, 제도로서의 외적인 면도 동시에 가다듬어 상부와 인사와 현장이 협력하며 나아가야 합니다.

② 초반에 목적과 규칙을 설정한다

일대일 워크숍은 무작정 도입한다고 해서 효과를 볼 수 있는 것이 아닙니다. 초반에 '목적'과 '규칙'을 설정하는 것이 중요합니다. 이 두 가지 내용은 기업에 따라 다를 수 있지만, 얼마나 제대로 설정해 공유하는지가 워크숍의 효과를 결정합니다.

A. 목적

먼저 무엇을 위해 일대일 워크숍을 시작하는지, 그 목적을 정합니다. 예를 들어 '경험학습을 촉진한다', '멤버들의 성장이나 목표 달성을 지원한다', '상사와 멤버의 신뢰 관계를 높인다', '회사의 방침을 사원이 체득하게 한다', '사원들의 결속력을 높인다' 등 각각의 회사마다 다릅니다. 목적이 반드시 하나일 필요는 없지만, 우선순위를 정해둘 필요가 있습니다. 그 우선순위는 회사의 상황에 맞게 변경해도 좋습니다.

당초에는 회사의 미션을 사원에게 흡수시키는 것이 목적이었더라도 점차 그 목적이 충족된 것 같다면 사원들의 결속력을 최우선순위로 바꿔도 좋습니다. 다만 그 목적을 상부나 인사는 물론, 상사와 멤버에게도 주지시켜야 합니다.

B. 규칙

규칙을 최대한 상세한 부분까지 정해 둔다면, 실제로 일대일 워크숍을 진행하는 상사도 멤버도 안심하고 참여할 수 있습니다. 대원칙은 '일대일 워크숍에서 나온 말을 옮기지 않는다'라는, 철저한 비밀 유지입니다. 상사와 멤버의 신뢰 관계를 쌓는 데에는 시간이 걸릴 수 있지만 무너지는 건 한순간이기 때문입니다. 일대일 워크숍에서 심리적인 안심과 안전성이 확보되지 않는다면 멤버들은 진심을 말하기 어려울 것입니다. 일대일 워크숍은 멤버가 자유롭게 이야기하는 장이기에 진심을 말할 수 없다면 의미가 없습니다.

이야기한 내용을 인사부에게 전달할 때에도 주의가 필요합니다. 사원의 정신적인 문제나 이동, 휴직, 퇴직 등 인사의 개입이 필요한 경우에만 담당자에게 연락한다는 규칙을 포함해 구체적인 규칙을 설정하는 것이 좋습니다.

또한 상사 자신이 해결할 수 없는 상담을 받았을 경우에도 기본적으로는 상사가 멤버 본인에게 '지금 이야기한 건을 해결하기 위해 ○○부의 △△씨에게 상담해도 괜찮겠느냐'라는 확인을 받도록 합니다. 상대의 허락 없이 말을 옮기면 신뢰 관계가 무너집니다. 매우 긴급한 경우에는 어쩔 수 없겠지만, 일대일 워크숍은 기본적으로 상사와 부하의 신뢰 관계를 바탕으로 성립된다는 점을 기억해 주세요.

생각해 둬야 할 규칙의 예시

- 빈도, 1회당 시간
- 시간을 초과했을 때 연장할지 여부
- 사생활에 대해서 이야기해도 될지 여부
- 이야기를 듣고 있는 도중에 상사가 메모해도 괜찮은지 여부
- 사용할 소프트웨어나 도구
- 온라인 회의 시스템의 카메라 온오프 여부
- 약속을 잡을 주체
- 취소됐을 경우, 스케줄 조정 주체
- 일정을 다시 잡을 때의 마감 기한
- 멤버의 수가 많은 경우 조치 방안
- 인사부에 전달해도 좋은 내용의 범위

목적과 규칙을 정하고 마침내 도입할 때가 되면 현장에 도입 연수를 실시할 필요가 있습니다. 일대일 워크숍은 상사가 듣는 역할을 맡기 때문에 연수를 통해 코칭 기술을 습득해야 하는데, 연수는 상사뿐만 아니라 멤버에게도 진행합니다. 멤버도 질문이나 경청의 어려움을 체감한다면 상사와 서로 협력해 상호작용의 효과를 높일 수 있기 때문입니다. 연수를 할 때의 여러 포인트도 살펴보겠습니다.

일대일 워크숍 도입 연수의 포인트

① 상사 대상 연수

상사를 대상으로 하는 연수에서는 '경청', '질문', '인정'이라는 세 가지 코칭 기술을 익히는 것이 중요합니다.

A. 경청

세 가지 중에서도 가장 중요한 기술. 경청이란 말 그대로 상대가 말하고 싶은 내용에 대해 '귀'를 기울이고, 표정이나 자세 등에 '눈'으로 주의를 쏟고, 말 뒤에 있는 생각이나

감정에 '마음'을 다해 공감을 표하는 소통 기법입니다.

대부분의 상사들은 지시를 하는 경우는 많아도 가만히 듣는 일은 별로 없습니다. 또한 보통 직장에서 듣는 내용은 '언제', '어디서', '누가', '무엇을', '왜', '어떻게'라는, 이른바 육하원칙에 초점이 맞춰져 있습니다. 반면 일대일 워크숍에서는 멤버의 감정이나 기분에 집중하여 듣는 것이 중요합니다. 연수에서는 그 기술을 체감하며 철저하게 몸에 익히도록 합니다.

일대일 워크숍에서 처음 내뱉는 한마디로, '그 안건은 어떻게 됐어?' 등은 NG입니다. 그러면 상사가 알고 싶은 내용을 듣는 시간이 되고 말겁니다. 모범적인 한마디는 '오늘은 어떤 이야기를 할까?' 등으로, 멤버에게 이야기의 주도권을 넘기는 것이 좋습니다. 이번에 소개한 **WS10**이나 **WS11**처럼 경청을 체감할 수 있는 워크숍도 꼭 해 보시길 바랍니다.

B. 질문

'앞으로 ○○ 같은 일을 하고 싶다고?'라는 말은 예/아니오라는 이분적인 답을 이끌어내는 닫힌 질문입니다. '앞으로 어떤 일이 하고 싶어?'라고 말하며 자유로운 답을 이끌어내는 것이 열린 질문입니다. 일대일 워크숍에서는 멤버의 생각이나 깨달음을 이끌어내기 위해서도 열린 질문이 효과적입니다(**WS11** 참조).

닫힌 질문을 하게 되면, 가벼운 기분으로 물었더라도 상사와 멤버라는 상하관계가 무의식에 영향을 끼쳐 상사의 의향을 밀어붙이기 쉽습니다. 멤버는 "상사라면 그걸 원할테니 '네'라고 대답하자"라고 생각해 답변할 수도 있습니다. 따라서 열린 질문을 통해 진심을 말할 기회를 만드는 것이 중요합니다.

또한 과거가 아니라 '미래'에 시선을 돌려 질문하도록 의식하는 것이 좋습니다. '왜 그 프로젝트는 실패했다고 생각해?', '그 부서에서의 일은 어땠어?' 등 과거에 대해서만 질문하면, 멤버는 상사에게 추궁당하는 듯한 느낌을 받을 수 있습니다. 과거 활동에서 배우고 싶은 부분이 있더라도 '앞으로 어떻게 하면 좋아질까?', '지금부터는 어떻게 해 보고 싶어?' 등 미래를 향한 질문을 추천합니다.

C. 인정

인정에는 '결과 인정', '과정 인정', '존재 인정' 세 가지가 있습니다. 기업 내 소통에서 많이 보이는 방식은 일의 성과가 보였을 때 '잘했어!'라고 칭찬하는 결과 인정입니다. 하지만 훌륭한 관리자는 멤버들의 일하는 모습을 보며 '이번 진행 방식 정말 좋네'라고 과정을 인정하는 경우가 많습니다. 더 훌륭한 관리자는 존재를 인정합니다. 존재 인정이란 '당신이 여기에 존재한다는 사실이 기쁘다'라는 궁극의 인정입니다. 너무 과하게 들릴 수도 있겠지만, 말을 걸 때 상대의 이름을 부르거나, 눈을 보며 인사하고, 중요한 일을 맡기는 것도 존재 인정 중 하나입니다.

결속력을 높이려면 사원 한 사람 한 사람이 자신의 존재가 회사 안에서 인정받고 있다는 느낌을 받는 것이 중요합니다. 일대일 워크숍에서도 주의 깊게 상대의 이야기에 귀를 기울이고, 공감하고, 이야기를 들어서 좋았다고 전달하는 행동을 통해 멤버는 안심할 수 있고, 받아들여졌다고 느낄 것입니다.

② 멤버 대상 연수

일대일 워크숍 도입 연수를 상사에게만 실시하는 회사가 많은데, 사실 멤버 대상 연수도 워크숍의 효과를 높이는 데 반드시 필요합니다. 멤버 측이 일대일 워크숍을 제대로 이해하지 못하고 있거나 너무 과한 기대 또는 너무 낮은 참여도를 보인다면 성공하기 어렵기 때문입니다.

멤버가 일대일 워크숍에 소극적인 이유는 주로 두 가지입니다. 첫 번째는 '이 상사와 매주 이야기하고 싶지 않다'라는 상사와의 신뢰 관계 결여. 두 번째는 '같은 상대와 정기적으로 이야기할 내용이 없다'라는 화제 결여. 이는 근본적으로 진심을 털어놓을 정도의 관계가 형성되어 있지 않다는 문제를 낳습니다. 이런 불안을 없애기 위해서도 멤버 대상 연수가 필요합니다.

A. 잘 보이는 안경을 쓴다

저는 자주 '상사를 보는 안경을 바꿔 보세요'라고 말합니다. 상사에 대해 별로라고 생각하는 멤버는 상사를 볼 때 '무의식의 선입관'이라는 색안경을 쓰고 있습니다. 어떤 사람이든 장단점을 가지고 있기 마련입니다. 상대의 좋은 모습이 보일 수 있도록 '색안경을 벗을' 뿐만 아니라 '잘 보이는 안경으로 바꿔 써' 보세요. 싫은 상대는 색안경을 벗는 것만으로는 장점을 볼 수 없습니다. '잘 보이는 안경'으로 바꿔 쓰고, 좋은 부분을 의식적으로 찾을 필요가 있습니다.

B. '시간'과 '공간'에 대한 사고를 확장한다

이야기할 내용이 없어 곤란할 때에는 '시간'과 '공간'에 대한 사고의 틀을 확장합니다. 시간축을 늘린다는 의미는 눈앞에 놓인 일뿐만 아니라 반년 후, 1년 후, 2년 후, 5년 후, 10년 후, 50년 후 등 머나먼 앞까지 사업이나 기업이 어떻게 될지 생각해 보는 것입니다. 그렇게 한다면 이야깃거리는 더 풍부해집니다.

동일하게 공간축도 늘립니다. 시작은 '자신'이지만 팀, 부서, 회사, 업계 전체, 지역 전체, 국가, 세계 등으로 넓혀가다 보면 시야가 달라집니다. 자신이 갖고 있는 생각 또한 이

두 가지 틀을 넓히면 이야기의 범위는 더욱 넓어지겠죠.

C. 상사의 입장을 체감한다

일대일 워크숍에서 상사는 듣는 역할을 하지만, 듣는 일은 매우 어렵습니다. 이는 상사 역할을 해 보면 더욱 이해할 수 있습니다. 연수에서는 2인 1조가 되어 반대 입장인 상사 역할을 경험해 봅니다.

상사 역할을 해 보면 '왜 잘되지 않는다고 생각하나?' 등 나중에 후회하게 되는 말을 해 버리거나, 질문하는 행위 자체에서 막히기도 합니다. 또한 자신도 모르게 상대에게 조언하거나 자기 이야기만 하는 등 체험해 보면 듣는 일이 매우 어렵다는 것을 알게 됩니다. 그 사실을 체감하고 나서 일대일 워크숍에 임하게 된다면 상사와 멤버 모두에게 좋은 워크숍 시간을 가질 수 있을 것입니다.

PART 3

아이디어 · 과제 편

적극적으로 의견을 낼 수 없거나
생각이 어수선해 정리되지 않거나
아이디어가 떠오르지 않을 때
사용할 수 있는 아이디어!

연상 활동

20 이미지 카드로 발상을 넓힌다

- ✓ 신입 연수
- ☐ 타 업종 교류
- ✓ 팀 빌딩
- ✓ 인재 육성
- ✓ 학교
- ✓ 관리자 연수
- ✓ 문화 다양성 연수
- ☐ 일대일
- ✓ ESG
- ✓ 지역

40분

안내자
고우라
요시히로

이럴 때 도움이 된다

- 갑자기 떠오른 발상이나 아이디어를 공유하고 싶을 때
- 표현이 서툰 멤버라도 즐겁게 아이디어를 내고 싶을 때

권장 인원 2~10명(많은 경우에는 소회의실로 나눌 것)

준비물 이미지 카드(직접 만들어 준비하는 것도 가능), 구글 잼보드

WORKSHOP

① "'이상적인 교육'이란 무엇인지 함께 생각해 보겠습니다. 먼저 잼보드에 붙어 있는 이미지 카드 중 자신의 이상에 가까운 이미지를 한 장씩 골라 붙여주세요."
주제는 워크숍에 어울리는 것으로 설정한다. 이미지 카드는 사전에 참가자가 복사 붙여넣기하기 쉽도록 잼보드나 구글 슬라이드 등에 미리 준비한다. 카드는 시판 이미지 카드를 사용하거나, 직접 다양한 사진을 모아 준비해도 좋다. 그중에서 자신이 생각한 이미지에 가까운 카드를 각자 한 장씩 골라(여러 명이 같은 이미지를 골라도 된다), 잼보드에 있는 자신의 페이지에 붙이게 한다. 퍼실리테이터는 참가자의 상황을 보면서 5분 정도 작업 시간을 확보한다.

② "지금 고른 카드에서 떠오른 키워드 세 가지를 생각해 주세요. 스티커 메모에 하나씩 써서 잼보드의 같은 페이지에 붙입니다."
선택한 이미지 카드를 보고 떠오른 말을 스티커 메모에 적게 한다. 퍼실리테이터는 참가자들이 모두 적을 때까지 5분 정도 시간을 체크한다.

연상 활동 예시

③ "그러면 그 세 가지 키워드를 사용해 이야기를 구성해 보겠습니다. 세 가지 키워드를 연결해 자신이 생각하는 이상적인 교육이란 무엇인지 설명해 봅시다. 나중에 다 함께 공유할 테니, 메모를 하거나 잼보드에 쓰셔도 좋습니다. 5분 드리겠습니다."

맨 처음 주제에 맞게 적어 낸 세 가지 키워드를 문장으로 구성하게 한다. 참가자가 이해하기 쉽도록 퍼실리테이터는 예시를 들어 설명한다. 퍼실리테이터는 5분 정도 시간을 체크한다.

작업시간	행동
5분	자신의 이상에 가까운 이미지 카드를 한 장 골라 붙인다
	⬇
5분	고른 카드에서 키워드를 세 가지 떠올린다
	⬇
5분	세 가지 키워드로 이야기를 구성한다
	⬇
한마디 정도	자신의 이상과 그 이야기를 공유한다
	⬇
10분	자신의 이상을 실현하기 위해 필요한 지식이나 기술, 마음가짐을 가리키는 이미지 카드를 네 장 골라 각각의 키워드를 하나씩 떠올린다
	⬇
5분	네 가지 키워드 중 가장 중점적으로 익히고 싶은 것, 익혀야 하는 것에 태양 스탬프를 찍는다

④ "여러분이 생각한 이상적인 교육과 그 이야기를 순서대로 공유해 보겠습니다. 각자 만든 잼보드 페이지를 화면으로 공유할 테니 ○○ 님부터 한 분씩 말씀해 주세요."
한 그룹 당 열 명 정도를 최대 인원으로 잡고, 참가자가 많은 경우에는 4~8명씩 소회의실로 나누는 것이 좋다. 퍼실리테이터는 차례대로 잼보드 페이지를 화면으로 공유하고, 작성자 본인에게 직접 설명하게 한다. 간단하게 한마디만 해도 좋으니 순서를 정하여 진행한다. 순서는 연공서열에 영향을 받지 않도록 임의로 정한다.

⑤ "(메인 세션으로 돌아와서) 다른 사람의 이상적인 교육에 대한 이야기를 듣고 어떻게 생각하셨나요? 새롭게 깨달음을 얻은 부분이나 자신과 생각이 겹친 부분이 있었을 텐데요. 그 부분을 고려하면서 함께 이상을 실현해 나갈 수 있을 겁니다. 그러면 말씀하신 이상적인 교육을 실현하기 위해 앞으로 본인에게 필요한 지식이나 기술, 마음가짐은 무엇이 있을까요? 앞으로 자신에게 필요하다고 생각하는 것을 표현하는 이미지 카드를 네 장 골라주세요. 그리고 각 카드를 보고 떠올린 키워드를 스티커 메모에 하나씩 써서 붙여주세요."
잼보드의 새로운 페이지에 각자에게 앞으로 필요한 기술이나 지식 등을 가리키는 카드 네 장을 맨 처음 이미지 카드 리스트에서 골라 동일하게 복사 붙여넣게 한다.
그 후 각 카드를 보고 떠오른 키워드를 적게 한다. 퍼실리테이터는 참가자의 활동 상황을 보면서 10분 정도 시간을 체크한다.

⑥ "지금 쓰신 네 가지 키워드 중에서도 자신이 가장 중점적으로 익히고 싶은 것, 익혀야 하는 것은 무엇인가요? 그 키워드에 태양 스탬프를 찍어주세요."
스탬프 기능을 이용해 가장 중요하다고 생각하는 것에 태양 스탬프를 찍게 한다. 퍼실리테이터는 5분 정도 시간을 체크한다.

⑦ (CLOSING) "이렇게 자신의 이상이나 그 이상을 위해 가장 먼저 무엇이 필요한지 쓸 수 있었으니, 앞으로 여러분의 행동 지침이 생겼다고 할 수 있습니다. 이건 여러분의 포트폴리오가 되기도 하니 꼭 다시 살펴보시고, 앞으로의 방향성을 확인하거나 자신이 어디까지 실현했는지 돌아보는 데 사용하시면 좋겠습니다."

이 워크숍의 목적

큰 이상을 그리는 것도 중요하지만, 그 이상을 실현하기 위해 한 걸음 한 걸음을 내디뎌야 한다는 것을 잊어서는 안 됩니다. 말뿐만 아니라 이미지를 사용했기 때문에, 좀 더 구체적인 생각이 떠오르거나 말과 이미지가 상호 작용하면서 새로운 것을 발견했을 수도 있습니다. 또한 같은 주제에 대해서도 사람에 따라 생각이나 접근이 달라집니다. 그것을 최대한 시각화해 전달할 수 있다면 사람들에게 공감받을 수 있고, 협동으로도 이어질 것입니다. 참가자들 사이의 공통되는 다양한 주제로 워크숍을 진행해 보세요.

응용하기!

● 자신이 해야 할 일까지 도출했으니 실제로 1주일 후, 3개월 후, 반년 후에 무엇을 하면 좋을지, 매일 조금씩 이뤄 나갈 수 있는 것은 무엇이 있는지 등을 시간 순으로 스케줄을 세우는 것도 좋습니다. 그 스케줄을 맨 처음 작성한 자신이 생각한 이야기나 이상과 함께 눈에 띄는 곳에 붙이거나 포트폴리오로 만들어 보관해 두면 좋은 목표가 될 것입니다.

익힐 수 있는 능력

● 공동 창조 능력 ● 반성 능력 ● 계획 수립 능력

비언어적으로 표현하기

21 아른거리는 아이디어를 가시화한다

- ☑ 신입 연수
- ☐ 관리자 연수
- ☐ 타 업종 교류
- ☑ 문화 다양성 연수
- ☑ 팀 빌딩
- ☐ 일대일
- ☐ 인재 육성
- ☑ ESG
- ☑ 학교
- ☑ 지역

40분

안내자
고우라 요시히로

이럴 때 도움이 된다

- 전하고 싶은 것이 있지만 말로 표현하기 어려울 때
- 다른 가치관을 가진 동료들을 더욱 깊이 이해하고 싶을 때

권장 인원 2~10명(많은 경우에는 소회의실로 나눌 것)

준비물 오토드로우AutoDraw(https://www.autodraw.com/), 구글 잼보드

WORKSHOP

① "현재 상황을 긍정적으로 바꾸는 방법을 함께 공유하면서 생각해 보겠습니다. 먼저 여러분이 지금까지 했던 경험 중 가장 즐거웠거나 자신이 성장했다고 느꼈던 경험은 무엇이 있었나요? 물론 많겠지만, 특히 인상 깊었던 것을 하나 골라 잼보드에 있는 스티커 메모에 적어주세요."
주제는 워크숍에 어울리는 것으로 설정한다. 잼보드에 한 사람당 한 페이지를 만들거나, 모두 같은 페이지를 사용해도 좋다. 한 사람씩 페이지를 만들면 향후 자신의 포트폴리오로 활용할 수 있고, 모두 같은 페이지에 쓰게 하면 다양성을 한눈에 확인할 수 있어 재미있다.

② "다음으로, 자신이 성장할 수 있었던 일은 무엇이 있었나요? 이번에는 오토드로우를 사용해 그려 보겠습니다. 그림 그리는 게 서툴더라도 어떻게든 자신이 생각하는 모양이나 선을 화면에 그리면 오토드로우가 그에 가까운 후보 일러스트를 제안해 줄 것이니 괜찮습니다. 분명 여러분의 생각에 가까운 그림을 그릴 수 있을 거예요."
오토드로우 링크를 채팅창에 공유한다. 실제 주제에 대한 활동을 시작하기 전에, 재미 삼아 참가자들이 연습할 수 있게 하면 원활하게 진행할 수 있다. 각자의 페이지에 자신이 성장할 수 있던 일을 일러스트로 그리도록 한다. 8분 정도 시간을 주고, 참가자들의 활동 상황을 보며 시간이 더 필요할 경우 2, 3분 추가한다.

③ "그러면 그린 그림을 한 사람씩 설명해 주세요. ○○ 님부터 부탁드리겠습니다."
참가자별로 페이지를 만든 경우에는 각자의 페이지 링크나 화면 캡처를 전달받아 모두가 볼 수 있도록 화면을 공유한다. 그 후 한 사람씩 돌아가면서 발표한다. 발표 순서는 연공서열에 영향을 받지 않도록 임의로 정한다.

④ "여러분에게 배움과 성장이란 어떤 의미인가요? 오토드로우로 그려주세요. 아까 그린 작품에 추가하셔도 좋고, 새롭게 다시 그리셔도 좋습니다. 다른 사람의 작품을 보고 응용하고 싶은 부분이나 자신의 작품에서 개선하고 싶은 점을 추가해도 좋습니다."
퍼실리테이터는 활동 상황을 보면서 10분 정도 시간을 체크한다.

⑤ "그러면 한 사람씩 자신의 그림을 보면서 간단하게 설명해 주세요."
③과 동일한 방법으로 한 사람씩 설명하게 한다.

⑥ (CLOSING) "어떠셨나요? 모두 각기 다른 배움을 얻고 계시네요. 그 모습을 공유하면서 더욱 깊게 배우실 수 있으셨을 겁니다."

이 워크숍의 목적

'손은 제2의 뇌'라고 합니다. 글로 써서 깔끔하게 정리되는 경우도 있지만, 사실은 더 구체화할 수 있거나 불확실한 생각이 숨겨져 있을지도 모릅니다. 가끔은 그림으로 표현해 보면 또 다른 생각을 볼 수 있습니다. 먼저 1단계로 '즐거웠던, 인상에 남는 사건'을 생각해 보고, 2단계로 '상황 설정에 맞는 과제 해결 방안'을 그리도록 합니다. 3단계로 그 두 가지를 포함해 '그 주제의 가치와 의미'를 다시금 생각해 그리도록 합니다. 긍정적인 부분부터 눈을 돌리기 시작하면 본질로 더욱 쉽게 다가갈 수 있습니다.

응용하기!

● 레고나 점토, 집에 남아 있는 폐자재를 사용해 만들기를 하거나 종이와 펜을 활용해 손 그림으로 표현해도 좋습니다. 그것을 다시 화면을 통해 공유하는 것도 한 방법입니다.

● 각자의 가치나 의미를 그린 후에, 다 함께 그 주제에 대해 하나의 작품을 완성해도 좋습니다. 원격이더라도 모두 같이 하나의 작품을 만든다는 일체감을 키울 수 있기 때문에 팀 빌딩에도 효과적입니다.

익힐 수 있는 능력

● 창조력 ● 표현력 ● 팀워크

22 월드 카페

온라인으로도 의견을 교환할 수 있다

- ☑ 신입 연수
- ☑ 관리자 연수
- ☑ 타 업종 교류
- ☑ 문화 다양성 연수
- ☑ 팀 빌딩
- ☐ 일대일
- ☐ 인재 육성
- ☑ ESG
- ☑ 학교
- ☑ 지역

60분

안내자
고우라 요시히로

이럴 때 도움이 된다

- 다양한 아이디어를 도출하고 싶을 때
- 많은 인원으로 브레인스토밍을 진행하고 싶을 때

권장 인원	4명 x 6~8팀
준비물	구글 잼보드

WORKSHOP

① "오늘은 '회사에서 ESG를 실천하려면 해야 하는 일'이라는 주제에 대해 아이디어를 나눠 보겠습니다. 네 명이 한 팀이 되어 소회의실로 나누고, 잼보드에 스티커 메모를 활용해 아이디어를 적습니다. 먼저, 생각나는 아이디어를 스티커 메모에 적어 붙여주세요. 한 아이디어 당 스티커 메모 한 장에 적습니다. 그러면 5분 드리겠습니다."

주제는 워크숍에 어울리는 것으로 정한다. 잼보드에 팀 수에 맞게 페이지를 준비하고, 각 팀 번호를 기재해 각자 어느 페이지에 입력하면 될지 알기 쉽게 만들어 공유한다. 일단 아이디어를 많이 쓰게 하는 것이 좋다. 퍼실리테이터는 시간을 체크한다.

② "5분 지났습니다. 그러면, 지금 내신 아이디어를 팀에서 다시 검토하고 그룹을 지어 보거나 정리해 주세요. 10분 드리겠습니다."

①에서 낸 아이디어에 대해 그룹을 짓거나 정리하기 위해 팀마다 이야기를 나누도록 한다. 새로운 스티커 메모를 추가해도 좋다. 10분 정도 시간을 체크한다.

월드 카페 잼보드 예시

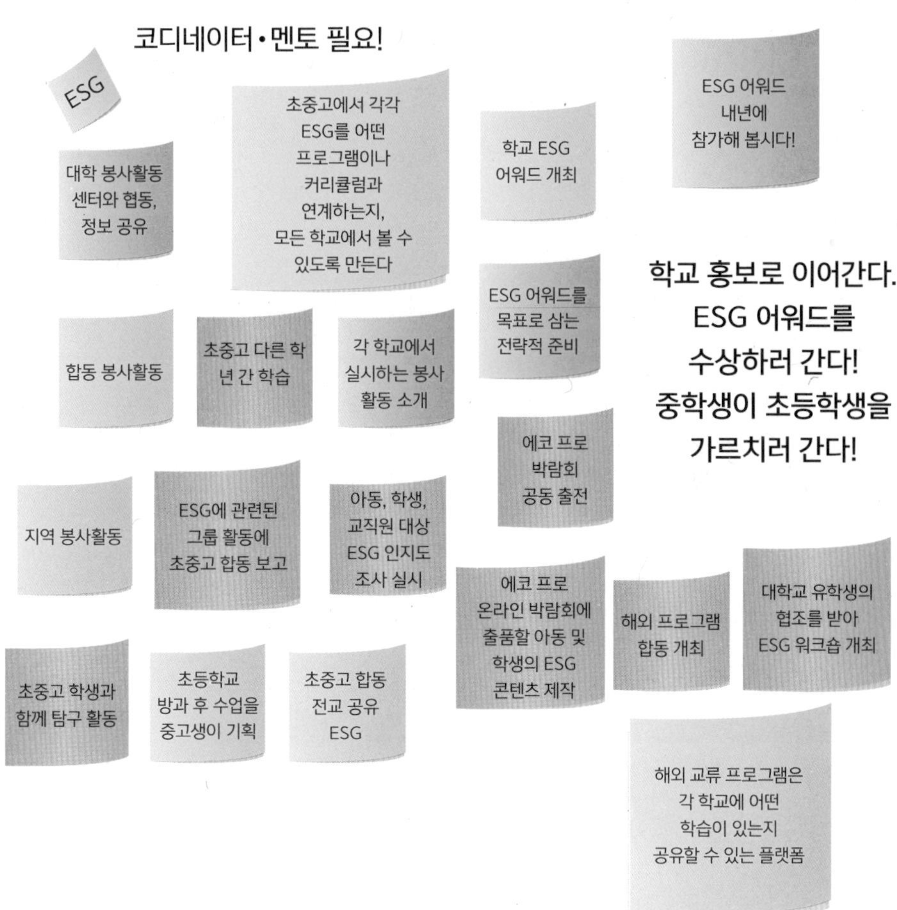

③ "그러면 다른 팀에서는 어떤 아이디어를 냈는지 함께 봐볼까요? 우선, 팀에 남을 사람을 한 명 정해 주세요. 그 사람은 다른 팀이 방문하면 자신의 팀에서 나눈 이야기를 설명하는 역할을 맡습니다. 그 밖의 다른 사람들은 각자 어느 팀의 설명을 들으러 갈지 결정해 주세요. 줌의 표시 이름 앞에, 팀에 남을 사람은 자신의 팀 번호, 다른 팀에 갈 사람은 방문할 팀 번호를 기입합니다."

다른 팀을 구경하러 가는 월드 카페 활동을 온라인으로 진행하기 위해, 한 사람은 설명자 역할로 기존 소회의실에 남고 나머지 사람들은 다른 팀의 이야기를 들으러 간다. 줌의 표시 이름 앞에 방문할 팀 번호를 기입하게 하면 소회의실로 나누기 쉽다.

④ “그러면 각자 다른 팀으로 설명을 들으러 가보겠습니다. 남은 사람은 방문한 사람들에게 본인 팀의 아이디어를 설명합니다. 다른 팀의 설명을 듣고 깨달은 점이나 코멘트가 있다면 그 팀의 잼보드에 텍스트 상자나 다른 색 스티커 메모로 피드백을 남겨주세요. 그럼 다녀오세요!”
소회의실로 나눈다. 5분 정도 시간을 체크한다. 다른 팀을 방문한 사람은 그 팀의 멤버가 작성한 스티커 메모와는 다른 색상으로 감상이나 코멘트를 남기도록 한다.

⑤ “시간이 다 되었습니다. (메인 세션으로 돌아와서) 다른 팀의 아이디어는 어땠나요? 다른 팀의 아이디어를 보고 깨달은 점이 있다면 팀에 공유하고, 다시 ‘회사에서 ESG를 실천하려면 해야 하는 일’이라는 주제에 대해 이야기를 나눠보겠습니다. 새롭게 스티커 메모를 붙이거나 쓰셔도 좋습니다. 줌의 표시 이름 앞에 다시 자신의 팀 번호를 넣어주세요. 그러면 30분 드리겠습니다.”
기존의 팀 번호를 표시 이름 앞에 기입하게 하고, 팀 멤버들끼리 소회의실로 들어가도록 나눈다. 다른 팀에서 배운 점을 공유하고, 자기 팀에 반영하거나 발전시키게 한다. 퍼실리테이터는 30분 정도 시간을 체크한다. 소회의실을 돌며 이야기를 나누는 데 어려움을 겪거나 질문이 있는 팀이 있다면 지원한다.

⑥ "(메인 세션으로 돌아와서) 그러면 각 팀에서 나눈 이야기를 발표해 보겠습니다. 여러분이 어떤 논의 과정을 거쳐 무슨 결론에 다다랐는지 순서대로 공유해 보겠습니다. 그러면 ○○팀부터 부탁드립니다."

소회의실을 종료하고 메인 세션으로 돌아온 후, 팀마다 대표를 정하거나 퍼실리테이터가 한 명을 지목해 설명하도록 한다. 퍼실리테이터는 발표하는 팀의 잼보드 페이지가 잘 보이도록 모두에게 화면을 공유한다. 한 팀당 3~5분 정도의 시간을 주고, 순서대로 발표하게 한다.

⑦ (CLOSING) "감사합니다. 이렇게 다른 팀의 아이디어를 들으면 더욱 자극을 받게 되고, 사고가 확장되는 것 같습니다. 새로운 아이디어를 고민해야 할 때 혼자서 생각하기보다는 여러 사람의 의견을 꼭 참고해 주세요."

이 워크숍의 목적

현장에서 각 팀이 아이디어를 적은 보드나 종이를 보면서 돌아다니며 의견을 교환하는 방식, 월드 카페. 온라인이라서 어렵게 느껴질 수 있지만, 소회의실이나 잼보드를 활용하면 원활하게 진행할 수 있습니다. 중고등 학생을 대상으로 진행한 적도 있는데, 모든 연령대나 역할에서 효과를 볼 수 있었습니다. 몇몇 사람들만 생각하는 아이디어는 한계가 있습니다. 혁신이 일어나는 때는 자신에게 없는 아이디어와 세계관을 접할 때 나타납니다. 부서나 전문 분야가 다른 사람의 의견을 들어 보는 기회를 가져보길 바랍니다.

응용하기!

● 시간이 허락한다면 모든 멤버가 모든 팀을 돌 수 있게 몇 번이고 소회의실 조합을 바꿔 보아도 좋습니다. 다른 팀에 갔을 때 반드시 피드백을 남기도록 한다면, 원래 멤버가 돌아왔을 때 각 팀이 남긴 훌륭한 아이디어 선물을 받을 수 있을 것입니다.

익힐 수 있는 능력

● 발상 능력 ● 소통 능력 ● 공동 창조 능력

리프레이밍 시점*

23 다면적인 시점에서 파악한다

- ☑ 신입 연수
- ☑ 관리자 연수
- ☑ 타 업종 교류
- ☑ 문화 다양성 연수
- ☑ 팀 빌딩
- ☑ 일대일
- ☐ 인재 육성
- ☐ ESG
- ☑ 학교
- ☑ 지역

안내자
히로에 도모노리

이럴 때 도움이 된다

- 타인의 시점에서 사물을 보는 기회를 가지고 싶을 때
- 생각이나 아이디어가 딱딱하게 굳어 버렸을 때

권장 인원 2~4명(많은 경우에는 소회의실로 나눌 것)

준비물 없음

WORKSHOP

① "컵의 물이 반 정도 남았을 때, '벌써 반밖에 남지 않았어'라고 말하는 사람이 있는가 하면 '아직 반이나 있어'라고 말하는 사람도 있습니다. 시점에 따라 사물을 보는 방식이 다르기 때문입니다. 이번에는 여러 시점에서 사물을 다르게 보는 연습을 해 보겠습니다. 두 명이 한 조를 이루어 최근 업무나 일상에서 겪은 어려운 점이나 고민하고 있는 일을 한 사람당 3분씩 이야기해 주세요. (소회의실로 나누고 나서) 먼저 가위바위보를 해서 말하는 사람과 듣는 사람의 순서를 정하고 시작하겠습니다."

시점에 따라 사물을 보는 방식이 달라진다는 것에 대해 설명하고, 소회의실로 두 명씩 나눈다. 퍼실리테이터는 한 사람당 3분 안에 이야기가 끝날 수 있도록 시간을 체크한다.

② "(3분이 지나면) 시간이 다 되었습니다. 이제 듣는 사람과 말하는 사람을 교대해 주시고, 다시 3분 동안 이야기해 주세요."

시간이 되면 소회의실은 그대로 두고, 말하는 사람과 듣는 사람을 교대해 다시 3분 동안 이야기할 시간을 갖는다.

③ "(메인 세션으로 돌아와서) 화면으로 공유한 리프레이밍 시점 일람을 보겠습니다. 여기에 나와 있는 생물들의 시점을 예로 들겠습니다. 새는 높은 하늘에서 전체를 내려다봅니다. 땅에 사는 곤충은 사물을 파고들어 세분화합니다. 물고기는 물속에서 변화를 깨닫고 흐름을 읽으며 헤엄칩니다. 나비는 알, 유충, 번데기를 거쳐 나비가 되어 날개를 펼치기 위해 현재에 머무르지 않고 진화하는 존재입니다. 박쥐는 거꾸로 매달려 있기 때문에 사물을 반대 입장에서 바라보고 생각합니다. 어두운 땅속에 사는 두더지는 시력이 매우 낮지만, 눈이 아닌 오감을 통해 느낍니다."
리프레이밍 시점 일람을 보여주고, 각기 다른 생물과 그 시점의 차이에 대해 설명한다.

리프레이밍 시점 일람

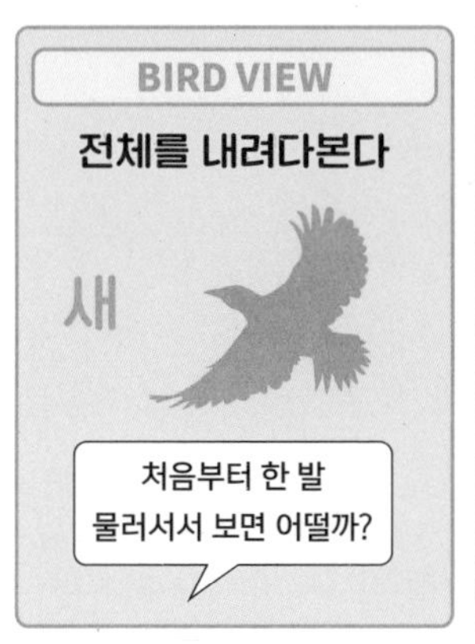

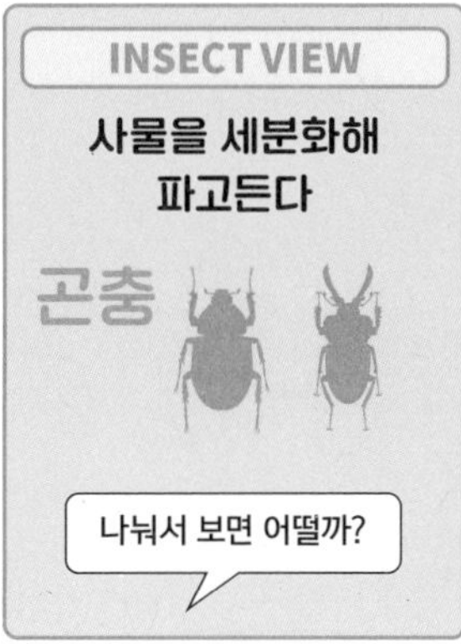

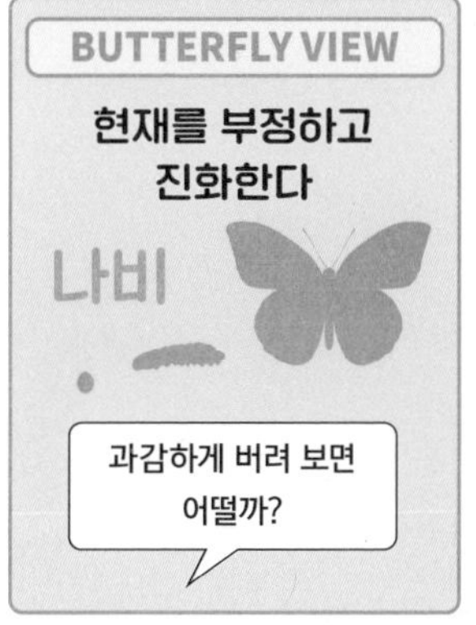

*사진 용어로, 새로운 시각적 정보를 포착하기 위해 카메라에서 보는 프레임을 재조정하는 것을 뜻한다.

④ "이번에는 이 여섯 가지 시점을 바탕으로, 말하는 사람은 듣는 사람에게 다양한 각도로 질문을 던져주세요. 예를 들어 나비의 시점을 적용해 '과감하게 버려 보면 어떨까?'라든지, 새의 시점에서 '한 발 물러서서 보면 무엇이 보일까?'라고 물어봐도 좋습니다. 듣는 사람은 질문에 대해 깊게 생각하지 말고 직감으로 바로 답해 주세요. 직감적으로 대답하기 때문에 예측하지 못하거나 들어본 적 없는 답이 나올 수도 있지만, 그 대답을 존중하면서 호기심을 가지고 진행해 보시기 바랍니다. 그러면 한 사람당 3분 동안 진행하겠습니다. (소회의실로 나눈 후) 그럼 시작해 주세요!"

①과 같은 짝이 되도록 소회의실로 두 명씩 나눈다. 퍼실리테이터는 3분 동안 시간을 체크한다.

⑤ "(3분이 지나면) 시간이 다 되었습니다. 이제 듣는 사람과 말하는 사람을 교대하겠습니다. 다시 3분 동안 진행합니다."

시간이 되면 소회의실은 그대로 두고, 말하는 사람과 듣는 사람을 교대해 다시 3분 동안 이야기를 나누게 한다.

대화 예시

⑥ "어떠셨나요? 지금 열성적으로 고개를 끄덕이는 분도 계시는데, 어떤 감정을 느꼈나요? 여러분의 탐구심이 마구마구 살아났던 부분은 어디였나요? 감상을 공유해 주시겠어요?"
이야기하는 모습을 보고, 질문을 통해 새롭게 깨달은 점이 있는 사람이나 의외의 시점을 통해 바라보며 깨달음을 얻은 사람 등, 몇 명에게 감상을 공유하도록 한다. 퍼실리테이터가 활동을 지켜보며 이야기할 사람을 지명해도 좋다.

⑦ (CLOSING) "감사합니다. 자신의 시점으로만 생각하다 보면, 자신도 모르게 한 가지 시점으로 굳어져 버리기 쉽습니다. 하지만 이렇게 의식적으로 다양한 시점으로 파악해 보면 새로운 발상이나 탐구심이 생길 수 있습니다. 평소에도 꼭 실천해 보시기 바랍니다."

이 워크숍의 목적

의식해서 다면적으로 사물을 보는 일은 혼자서 하기엔 어렵습니다. 이렇게 생물을 하나의 창구로 삼아 다른 사람에게 질문을 받으면, 탐구심에 불을 지필 수 있습니다. 새로운 시점에서 보는 것뿐만 아니라 거기서 자신의 탐구심이 살아나는 효과를 추구하게 해도 좋습니다. 해결책을 향해 가도 좋지만, 거기까지 도달하지 못해도 새롭게 얻은 아이디어를 공유하고 감상을 나누는 일만으로도 새롭게 깨닫는 점이 있을 것입니다. 굳은 머리를 깨우는 데 도움이 되길 바랍니다.

응용하기!

● 4~6명이 한 그룹이 되어 각자 한 생물의 역할을 맡아도 좋습니다. 문제에 대해 두더지 역할을 맡은 사람이 '머리로 해결하지 말고, 오감으로 느껴 보면 어떨까요?', '그것은 어떤 감촉인가요?'라고 두더지의 시점에서 계속 질문하고, 새는 조감하는 질문, 나비는 탈피할 수 있는 질문 등 각자의 역할에 근거해 질문을 던집니다. 팀에서 프로젝트를 진행할 때에도 이렇게 시점을 바꿔서 질문해 나가면 혁신으로 향하는 길을 닦을 수 있습니다.

익힐 수 있는 능력

● 팀워크 ● 발상 능력 ● 공동 창조 능력

자연과 이어지다

24 조직의 이상을 발견하는 생체 모방

- [ ] 신입 연수
- [ ] 타 업종 교류
- [x] 팀 빌딩
- [ ] 인재 육성
- [x] 학교
- [x] 관리자 연수
- [x] 문화 다양성 연수
- [ ] 일대일
- [x] ESG
- [x] 지역

90분

안내자
아즈마 히데아키

이럴 때 도움이 된다

- 온라인상의 업무로 지쳤을 때
- 자연과 이어져 넓은 시야에서 생각하고 싶을 때

권장 인원 4~10명(많은 경우에는 소회의실로 나눌 것)

준비물 없음

WORKSHOP

① "오늘은 '팀의 이상적인 모습'에 대해 생각해 보겠습니다. 평소의 업무 환경과는 다르게, 컴퓨터를 끄고 스마트폰을 보지 않는 오프라인 시간을 가져 보겠습니다. 지금부터 1시간 정도 시간을 드릴 테니 지금 앉아 계신 여러분의 자택이나 사무실을 벗어나 밖으로 나가 보세요. 나갈 수 있는 곳까지만 나가시면 됩니다. 처음 30분 동안은 여러분이 생각하는 '팀의 이상적인 모습'에 대해 생각하면서 가까이 있는 자연에 의식을 집중하며 걸어 보겠습니다. 오감을 사용해 자연과 이어지고, 거기에서 영감을 받을 수 있는 여지를 의도적으로 만들어주세요. 그리고 나머지 30분은 근처 공원이나 길 등에 있는 자연의 사물을 조합해 '팀의 이상적인 모습'을 표현해 보겠습니다. 돌, 낙엽, 나뭇가지, 열매처럼 반드시 자연물을 활용해 표현해 주시기 바랍니다. 마지막으로 만들어진 작품을 사진으로 찍어주세요."

먼저 오늘의 주제(그때의 과제에 맞춰 주제를 설정한다)를 전달하고, 야외 활동을 할 수 있도록 안내한다.

② “야외 활동을 나갈 땐 평소와는 조금 다른 시점으로 세상을 봐 주세요. 먼저 천천히 호흡에 의식을 집중합니다. 걷는 속도를 줄이거나 빠르게 바꿔 봅니다. 만져 보거나, 냄새를 맡는 등 오감을 사용해 그 시간에 집중합니다. 자신의 내면과 대화하는 시간이 될 수 있도록 의식해 보는 겁니다. 그리고 풍경을 볼 때는 거시적, 중간, 미시적 등 시점을 다양하게 바꿔주세요. 예를 들어 나무 전체를 보고, 나무 일부를 보고, 나무 마디의 일부를 보는 것입니다. 1시간이 지나면 다시 온라인으로 돌아와 소감과 결과물을 공유하겠습니다. 그럼 지금부터 즐거운 시간 보내시길 바랍니다!”

야외 활동 중 취해야 할 시점에 대해 안내한 후, 60분간 밖으로 나갈 수 있게 안내한다. 퍼실리테이터도 참가자와 같이 실제로 밖으로 나가 체험을 공유할 수 있으면 좋다.

③ “(60분이 지나고 참가자들이 온라인에 다시 모이면) 여러분, 잘 다녀오셨나요? 밖을 걸어보니 어떠셨나요? 재택근무로 컴퓨터를 마주하는 시간이 길어진 만큼, 잠시 밖으로 나가 자연과 이어지는 체험이 새로웠을 거라 생각합니다. 여러분이 그린 팀의 모습이나 작품도 궁금하지만, 먼저 밖으로 나가 자연과 이어졌던 체험이나 감상, 지금의 마음과 몸 상태 등을 모두 함께 공유해 보겠습니다.”

창작한 작품이나 팀의 이상적인 모습에 집중하지 않고, 우선 밖으로 나가서 걸으며 주의 깊게 자연을 관찰하며 느낀 감상을 공유한다.

④ “그러면 한 사람씩 찍어 온 사진을 공유하면서 자연에서 어떤 영감을 얻었는지, 생각한 ‘팀의 이상적인 모습’을 공유해 주세요. 다른 분들은 동료가 원하는 팀의 모습을 평가나 판단 없이 받아들이면서 함께 상상해 보겠습니다.”

여기에서 중요한 점은 작품의 좋고 나쁨에 대한 평가가 되지 않도록 모두에게 설명하고 진행하는 것이다. 표현된 작품을 보고 느낀 충격이나, 작품 안에는 보이지 않는 배경이나 의도를 공유하고 공감하는 것이 중요하다. 한 사람씩 발표하고 끝나는 것이 아니라, 이 작품을 통해 모두가 원하는 팀의 모습을 함께 이야기할 수 있는 장을 만드는 것이 중요하다. 순서대로 서로가 찍어 온 사진을 보며 이야기를 나눈다.

생체 모방 Biomimicry

자연의 뛰어난 지혜(형태나 절차나 시스템)에 흥미를 가지고 모방해 순환형・재생형 경영이나 사회를 만들어 가려는 접근 방식. 경영 과제나 사회 과제를 해결하기 위해 생물학이나 자연과의 연결에서 더욱 구체적인 해결책을 창출하는 미래의 학문으로서 주목받고 있다. 1980년대 초에 '생체 모방'이라는 말이 생겨났고, 과학자이자 작가인 재닌 M. 베니어스Janine Benyus가 1997년 출간한 서적, 《생체 모방: 자연으로부터 배우는 혁신Biomimicry: Innovation Inspired by Nature》(국내 미발간)을 기반으로 확산되었다.

옷에 달라붙는 식물, 도꼬마리에서 매직테이프가 탄생했다

남미에 서식하는 '숲의 보석'이라 불리는 모포나비. 색소가 없는 자연스런 발색이 '모조색'이라 불리며 스마트폰이나 자동차 등의 분야에서 적용되고 있다

⑤ "감사합니다. 자연과 연결되면서 머리가 깨끗해지고, 자신의 깊은 곳에 잠들어 있던 생각이나 진정으로 원하는 모습이 명확해졌을 것이라 생각합니다. 그 생각을 여기에 있는 동료들과공유할 수 있다면 큰 변화가 일어나겠지요. 대화를 하면서 표현한, 여러분의 이상적인 팀에 조금이라도 가까워지려면 무엇이 필요할까요? 구체적인 행동이나 태도의 첫걸음에 대해 생각하며 이야기 나눠보겠습니다."

사람 수가 너무 많다면 소회의실로 나누고 팀마다 이야기할 수 있는 시간을 10분씩 준다. 참가자 각자가 원하는 팀의 모습을 공유하고 공감하는 과정만으로도 팀의 관계성에 큰 변화가 일어난다. 구체적인 행동이나 태도에 대해 대화할 수 있다면, 이 자리에서 끝나지 않고 지속적인 변화로 이어질 것이다.

⑥ "(메인 세션으로 돌아오고 나서) 자연 속에서 발견한 형태나 절차, 시스템 등 자연의 훌륭한 지혜를 통해 배운 점을 구체적인 방법과 이론으로 활용하려는 학문을 '생체 모방'이라고 합니다. 자연의 지혜에 흥미를 가지고 모방해 순환형·재생형 경영이나 사회를 만들어 가는 접근 방식입니다. 인간계의 경영 과제나 사회 문제 또한 자연과의 연결이나 생물의 생태를 통해 배우면 더욱 구체적인 해결책을 만들어낼 수 있습니다. 자연과 이어져 영감을 얻는 이번 체험은 생체 모방의 세계로 들어가는 입구가 되기도 합니다. 또한 주의 깊게 주제를 생각하며 자연을 관찰하고 모방하는 활동은 새로운 아이디어 창출로도 이어질 수 있습니다."

생체 모방 사고방식으로 이번 활동의 주제를 설명하고, 조직과 업무를 이해하기 위한 야외 활동의 목적으로 설명하면 좋다.

⑦ (CLOSING) "컴퓨터나 책상 앞에서 생각할 때와는 다르게, 새로운 발상이 여러분 안에서 생겨나는 것을 느낄 수 있었습니다. 때때로 이렇게 자연과 이어지는 시간과 자연 안에서 배우는 시간을 소중하게 여겨주시면 좋겠습니다."

이 워크숍의 목적

사무실이든 집이든, 컴퓨터 앞에 앉아서 일하는 시간이 많아졌습니다. 재택근무의 피로도 또한 큰 문제가 되고 있습니다. 한편 **역사적으로 사람들은 자연에서 많은 것을 배우고 받아들이면서 혁신을 일으켜 왔습니다.** 때로는 의도적으로 오프라인 환경에 몸을 맡기고 자연 속으로 들어가 보세요. 자신의 내면과 대화하는 시간을 가지고, 오감을 활용해 자신의 통로를 열어 보는 체험입니다. 이 워크숍으로 현실과 온라인을 연결하고, 새롭게 얻은 체험과 깨달음을 공유해 보세요.

응용하기!

● 시간이 있다면 서로 내용을 공유한 후 4~6명 그룹으로 나누어 각자 찍어 온 사진과 생각을 한 번 더 팀으로서 취합하는 활동을 해도 좋습니다. 또한 작품 만들기나 사진이 아니라 손그림 스케치도 추천합니다. 서로의 생각이나 아이디어를 합치면 더욱 발전한 결과물이 만들어지고, 팀으로서 다 함께 완성한다는 의식도 키울 수 있을 것입니다.

익힐 수 있는 능력

● 반성 능력 ● 소통 능력 ● 공동 창조 능력

ESG 곱셈 혁신

25 카드로 새로운 해결책을 모색하자

- [ ] 신입 연수
- [x] 관리자 연수
- [ ] 타 업종 교류
- [ ] 문화 다양성 연수
- [x] 팀 빌딩
- [ ] 일대일
- [ ] 인재 육성
- [x] ESG
- [x] 학교
- [x] 지역

90분

안내자
아즈마 히데아키

이럴 때 도움이 된다

- ESG를 전면에 내세운 아이디어나 혁신을 만들어내고 싶을 때
- 파트너십, 협동의 필요성을 체감하고 싶을 때

권장 인원 4~8명(많은 경우에는 소회의실로 나눌 것)

준비물 아이디어 카드(사전에 직접 만든 사회 과제 카드 5매, 자원 카드 5매), 구글 잼보드

WORKSHOP

① "기업, 자치단체, 학교 교육 현장 등 모든 조직에서 ESG(기업의 사회적, 환경적 활동까지 고려하여 기업의 성과를 측정하는 지표)가 중요하게 여겨지는 시대가 되었습니다. ESG를 이해하는 단계를 지나 조직의 문맥에 맞게 그것을 어떻게 실천하는지가 중요 과제가 됐습니다. 여러 가지 접근법이 있지만, 이번에는 온라인상에서 아이디어를 만들어내는 워크숍을 진행하겠습니다. 이 활동을 통해 여러분은 자신의 강점을 인식하고, 파트너십에 따른 혁신 가능성을 실감하면서 기존의 틀을 넘어선 정책으로도 연결할 수 있을 것입니다."

먼저 활동 도입부에 ESG가 참가자들의 조직과 얼마나 밀접한 연관이 있는지 설명하며 자신과도 관련이 있는 주제라고 생각하게 만든다. 퍼실리테이터는 사전에 사회 과제를 쓴 카드와 그 해결의 단서가 되는 자원 카드를 여러 장 만들어 준비한다. 참가자의 소속이나 속성에 맞춰 자유롭게 제작해도 좋고, 기존의 시판 카드를 사용해도 좋다.

② "그러면 실제로 곱셈을 통한 아이디어 창출 가능성을 체감해 보겠습니다. 여기 사회 과제 카드가 5장, 자원 카드가 5장 있습니다. 사회 과제 카드에는 ESG에 관련된 사회 과제가 임의로 적혀 있습니다. 자원 카드에는 과제 해결에 효과적인 수단, 자원 등이 적혀 있습니다."
퍼실리테이터는 몇 장의 카드를 사례로 들어 화면에 보여주면서 설명한다.

자체 제작 카드 예시

사회 과제 카드	자원 카드
피로 증가	스마트폰
고령자 고립	동물원
플라스틱 쓰레기 해양 배출	전기 자동차
지방 농산업 쇠퇴	유학생
어린이 교육 격차	숲

③ "지금부터 제가 각 카드를 한 장씩 랜덤으로 뽑아 여러분께 보여드리겠습니다. 처음 뽑은 사회 과제 카드의 과제와 그다음으로 뽑은 자원 카드의 내용을 곱하면 어떤 해결책이나 아이디어가 생겨날까요? 실현 가능성은 차치하고 먼저 아이디어의 수를 점점 늘려나가 보겠습니다. 아이디어의 질보다 양이 중요합니다. 그리고 아이디어가 나왔다면, 바로 온라인 채팅창에 적어주세요."

퍼실리테이터는 사회 과제 카드와 자원 카드를 각각 한 장씩 뽑아서 보여준다. 그리고 참가자들에게 떠오른 아이디어를 채팅창에 적게 하고, 그 안에서 독특한 내용을 뽑아 첨언하면서 공유한다. 처음에는 연습 삼아 진행하며 즐겁게 아이디어를 내는 과정, 곱셈을 통한 발상의 확장을 체감할 수 있게 한다.

④ "이번에는 여러분의 조직에 맞춰 생각해 보겠습니다. 크게 세 가지로 나눠 정리해 보죠. 첫 번째는 '해결하고 싶은 사회 과제, 이루고 싶은 미래상'입니다. 잼보드를 이용해 떠오르는 사회 과제를 스티커 메모에 하나씩 적어주세요."

잼보드를 사용해, 각자 떠오른 사회 과제를 개수에 상관없이 스티커 메모에 적게 한다. 10분 정도 시간을 체크한다.

⑤ "다음으로, '회사의 강점'을 자원으로 생각해 주세요. 똑같이 잼보드에 스티커 메모로 적어서 붙여주세요."

그림처럼 스티커 메모의 색상을 주제마다 바꿔서 쓰게 하면 보기 쉽다. 10분 정도 진행될 수 있도록 시간을 체크한다.

ESG 곱셈 혁신 잼보드 예시

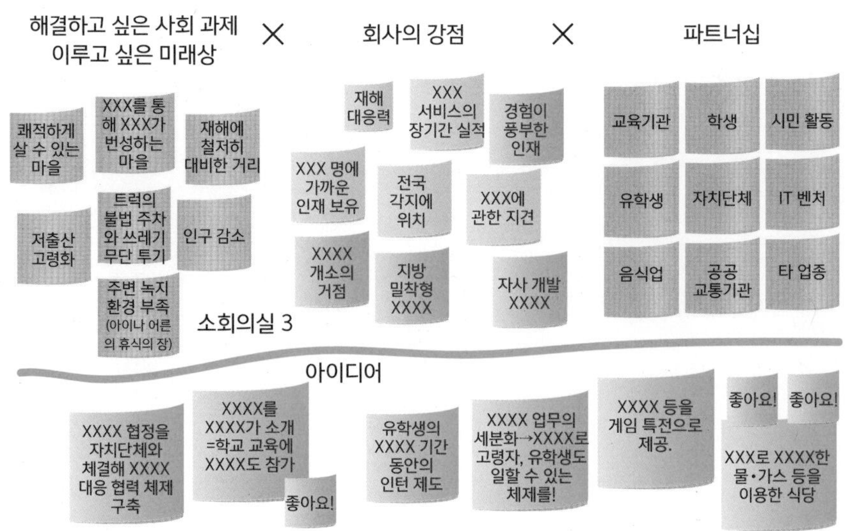

⑥ "계속해서 자신의 조직 이외의 자원인 '파트너십'을 생각해 보겠습니다. 어떤 파트너나 이해관계자와 협동하고 싶은가요? 각자 떠올려 보세요. 여기서도 실현 가능성은 신경 쓰지 말고, 자신이 협동해 보고 싶은 파트너를 스티커 메모로 적어주시기 바랍니다."
현재 연관이 없는 파트너라도 괜찮으니, 자신이 함께하고 싶은 조직이나 사람, 단체, 이해관계자 등을 쓰게 한다. 10분 정도 시간을 체크한다.

⑦ "마지막으로 잼보드 하단에 아이디어를 붙여주세요. 아까 했던 연습처럼 빠르게 스티커 메모에 해결책 아이디어를 적어보겠습니다."
퍼실리테이터는 15분 정도 시간을 체크하면서 나온 아이디어에 때때로 첨언을 추가하면 좋다. 중요한 점은 퍼실리테이터가 아이디어를 부정하지 않고 완전히 수긍하며 '좋네요!','재미있네요!'라고 인정하는 것이다.

⑧ (CLOSING) "여러분, 어떠셨나요? 실제로 어떤 가능성이 보였습니까? 혁신은 기존의 틀에서는 결코 일어나지 않습니다. 혼자만의 힘으로는 한계가 있습니다. 의식의 경계선, 분야의 경계선을 넘어 협동하면 지속 가능한 미래로 이어질 것입니다."

이 워크숍의 목적

기업이나 단체에서는 최근 ESG가 필수 불가결한 과제가 되었습니다. 하지만 자주 들리는 이야기는 '우리 회사에서 할 수 있는 일이 무엇일지 생각해 줘' 등 애매한 지령을 담당자에게 던지는 등 구체적으로 무엇을 하면 좋을지 모르겠다는 고민을 하고 있습니다. 그래서 실제로 특정 사회 과제와 본인이 속한 조직의 강점을 곱해, 좀 더 가깝게 느낄 수 있고 바로 시작할 수 있는 해결책을 도출해 보는 워크숍을 소개했습니다. 여기서 아이디어가 생겨나면 구체적인 정책으로 발전시키는 등 다음 전개로 이어갈 수 있을 것입니다.

응용하기!

● 이번에는 개인으로 활동했지만, 팀으로 나뉘어서 작업해도 좋습니다. 또한 거리 만들기 등을 지역 안에서 진행할 경우에도 다양한 배경이나 세대의 사림들이 모이기 때문에 더욱 큰 과제가 보일 것입니다.

익힐 수 있는 능력

● 협동력 ● 발상 능력 ● 사회 과제 해결력

COLUMN

히로에 도모노리

온라인 프레젠테이션을 성공하는 비결

재택근무 시대에 들어서면서 프레젠테이션의 중요성이 매우 높아졌습니다. 온라인에서는 정보가 시각과 청각으로 한정되기 때문에 표현이나 전달 방법이 더욱 중요해졌습니다.

카메라 시선을 똑바로

잊어버리면 안 되는 것은 바로 '카메라 시선'입니다. 퍼실리테이터가 갤러리 보기에 비친 참가자의 얼굴을 보면 시선이 벗어나게 됩니다. 마치 눈앞에 있는 '당신'에게 말하고 있다는 느낌의 진지한 태도를 전달하기 위해서는 '카메라 시선'에서 이야기하는 것이 중요합니다. 익숙하지 않을 때에는 컴퓨터의 카메라 위치에 화살표 스티커를 붙이고 연습하는 방법도 좋습니다.

온라인 프레젠테이션의 장점은 말하는 사람이 여러 사람을 향해 발표하더라도, 말하는 사람과 듣는 사람의 일대일 관계를 형성하기 쉽다는 점입니다. 특히 카메라 시선에서 이야기하면 듣는 사람은 말하는 사람과 눈을 맞출 수 있기 때문에 자신을 향해 이야기하고 있다는, 좋은 의미의 착각을 하게 됩니다.

더욱 효과를 보려면 주어를 말하는 사람의 시점이 아니라 듣는 사람의 시점으로 바꾸면 좋습니다. 예를 들어 '제가 여러분께 드리고 싶은 말씀은' → '여러분이 가지고 돌아가시길 바라는 포인트는' 같은 식으로 바꿔 나가는 것입니다.

논버벌(비언어적) 커뮤니케이션을 풍부하게

화면에 비치는 상반신, 시선, 표정, 입꼬리, 손의 움직임을 중심으로 한 논버벌 Nonverbal 커뮤니케이션을 풍부하게 실천합니다.

먼저, 입꼬리를 올립니다. 찡그린 얼굴은 안 좋은 인상을 주기 쉽습니다.

'Look・Smile・Talk'라는 키워드를 기억해 주세요. 화면에 등장하자마자 갑자기 진행하며 말하는 게 아니라 우선 카메라로 참가자를 본다(Look). 다음으로 미소 짓는다(Smile). 그리고 이야기를 시작한다(Talk). 이야기를 시작하기까지의 짧은 2초가, 발표자에 대한 인상을 바꾸는 마법의 시간이 될 수 있습니다.

그리고 몸의 중심축이 흔들리지 않도록 각별히 신경 쓰면서 손을 움직입니다. 화면은 2차원이기 때문에 밋밋하게 보이기 쉽습니다. 그렇기 때문에 좌우보다 앞뒤를 의식해서 움직이는 것이 좋고, 화면을 향해 손을 가깝게 했다가 멀게 하는 등 동작에 신경 쓰면 3차원적인 입체감을 표현할 수 있습니다.

긴장을 푸는 발음 연습, 잰말놀이

마지막으로 프레젠테이션을 하기 전 긴장을 풀 수 있는, 바로 활용할 수 있는 발음 연습 잰말놀이를 소개하겠습니다. 프레젠테이션에 익숙하지 않다면 말을 씹거나 잘못 말할까 봐 본 발표 전에 긴장할 수 있습니다. 그럴 때는 혀를 부드럽게 만들기 위한 잰말놀이를 시도해 보세요. 잰말놀이는 의외로 어려워서 해 보면 실패하는 경우가 많습니다. 하지만 본 발표 전에 가볍게 실패해 두면 긴장을 풀 수 있습니다. 미리 연습해 보시기 바랍니다.

간장공장 공장장은
강 공장장이고, 된장공장
공장장은 공 공장장이다

경찰청 쇠창살 외철창살,
검찰청 쇠창살 쌍철창살

내가 그린 기린그림은
긴 기린그림이고,
네가 그린 기린그림은
안 긴 기린그림이다

PART 4

회고 편

워크숍이나 연수, 회의 자리를
의미 있게 만들기 위해서는
앞으로의 활동으로 이어져야 한다!

AWT(Awareness/Wall/Try)

26 배움이나 깨달음의 정착을 도모한다

- ☑ 신입 연수
- ☑ 타 업종 교류
- ☑ 팀 빌딩
- ☑ 인재 육성
- ☐ 학교
- ☑ 관리자 연수
- ☑ 문화 다양성 연수
- ☐ 일대일
- ☐ ESG
- ☐ 지역

20분

안내자
히로에
도모노리

이럴 때 도움이 된다

- 워크숍이나 연수를 통해 배우거나 깨달은 내용을 최대한 확장하고 싶을 때
- 많은 정보를 얻은 학습 기회 후 배움의 정착을 도모하고 싶을 때

권장 인원 5~30명

준비물 동시 편집용 AWT 스프레드시트

WORKSHOP

① "지금까지 진행한 워크숍이 마침내 회고 시간을 맞이했습니다. 그 전에 여러분, 헤르만 에빙하우스Hermann Ebbinghaus의 망각 곡선이라는 말을 들어보셨나요? 독일의 심리학자 에빙하우스에 따르면, 사람은 시간이 지남에 따라 얻은 지식과 정보를 망각해 버린다고 합니다. 배움의 장에서 모처럼 깨달은 것들을 회고를 하지 않으면 망각의 길을 걷게 됩니다. 그러지 않으려면 충분한 회고를 통해 깨달은 내용을 정리하고, 직장에서도 정기적으로 돌아보면서 다시 공부하는 기회를 만들면 좋겠습니다."

에빙하우스가 실시한 실험의 피험자는 20분 후에는 42%, 1시간 후에는 56%, 하루 후에는 66%, 6일 후에는 75%, 1개월 후에는 79%를 망각했다. 회고의 필요성을 이해할 수 있도록 망각 곡선의 이야기를 하며 목적의식을 높인다.

② "스프레드시트를 열어주세요. AWT는 Awareness(깨달음), Wall(벽), Try(도전)의 앞 글자를 딴 말입니다. A는 워크숍에서 깨달은 점, 업무에 활용하겠다고 생각한 것들. W는 그 깨달음을 실행할 때 벽이나 갈등이 될 것 같은 일. T는 그 벽을 뛰어넘기 위한 도전이자 첫걸음입니다. 10분 정도 시간을 드릴 테니 곰곰이 생각하며 자신의 이름이 적힌 란에 내용을 기재해 주세요."

사전에 스프레드시트를 만들어 채팅 등으로 공유한다. 퍼실리테이터는 10분 정도 시간을 체크한다.

| AWT 스프레드시트

	Awareness(깨달음)	Wall(벽)	Try(작은 도전)
	마음을 울린 깨달음, 실천에 옮기고 싶은 일 등	실천하는 과정에서 생기는 구체적인 벽이나 갈등 등	벽이나 갈등을 극복하기 위한 첫걸음, 바로 할 수 있는 실험 등
○○ 님			
△△ 님			
□□ 님			

③ "기입은 끝나셨나요? 온라인의 장점은 모두 동시에 시트를 사용할 수 있다는 점입니다. 서로가 기입한 내용을 보겠습니다."
모두 기입을 끝냈다면 스프레드시트를 줌 화면에 공유하고, 참고할 수 있거나 자극을 받은 깨달음에 스탬프를 찍는 등 감상을 나누어도 좋다.

④ (CLOSING) "자신이 깨달은 바를 정리할 수 있을 뿐만 아니라 다른 사람의 깨달음이나 지혜도 엿볼 수 있어 참고가 되었으리라 생각합니다."

회고 시간은 새로운 것을 배우거나 실천하는 시간이 아니기 때문에 참가자들의 의욕이 저하되기 쉽습니다. 따라서 회고의 의의나 필요성에 대해 설명하여 긍정적으로 참가하도록 이끄는 것이 중요합니다. 배움의 정착을 촉진해 업무와 워크숍의 연관성을 이끌어내고, 함께 깨달은 것을 나누면서 더욱 극대화시켜야 합니다.

응용하기!

● 워크숍 마지막 시간에 한 번에 AWT를 끝내지 않고, 각 시간마다 성실하게 회고하는 방법도 성장했다는 느낌을 줄 수 있어 추천합니다. 또한 1개월 후에 모두에게 AWT 시트를 공유해, 진척 상황을 확인하거나 실천하면서 깨달은 점을 공유하는 자리를 만드는 것도 좋습니다. 배움이 그 자리에서 끝나지 않도록 하는 노력이 필요합니다.

익힐 수 있는 능력

● 반성 능력 ● 추진력 ● 협동력

KPT법

27 프로젝트를 긍정적으로 회고한다

- ☑ 신입 연수
- ☑ 관리자 연수
- ☐ 타 업종 교류
- ☐ 문화 다양성 연수
- ☑ 팀 빌딩
- ☐ 일대일
- ☑ 인재 육성
- ☐ ESG
- ☐ 학교
- ☐ 지역

40분

안내자
마츠바 도시오

이럴 때 도움이 된다

- 완료한 프로젝트를 체계적으로 검토하고 싶을 때
- 그날의 연수나 강습에서 배운 내용을 정착시키고 싶을 때

권장 인원 6~8명

준비물 미로 또는 구글 잼보드

WORKSHOP

① "지금까지 진행한 프로젝트를 팀 전원이 함께 돌아보겠습니다. KPT법을 사용할 텐데요, 먼저 K의 Keep입니다. 이번 프로젝트에서 좋았던 점은 무엇이었나요? 성공 요인을 다시 생각해 보고, 앞으로 계속해서 이어가고 싶은 일들이 있다면 K란에 적어 보겠습니다. 그러면 먼저 생각이 떠오른 분부터 적어주세요."

미로나 구글 잼보드를 이용해 K, P, T 세 가지 공간을 먼저 만들어 놓고 그 공간에 참가자가 내용을 적도록 한다. K, P, T에 따라 스티커 메모의 색상을 다르게 하면 알아보기 쉽다. 직접 쓰는 것이 어려울 경우에는 생각난 내용을 채팅으로 보내게 하고, 퍼실리테이터가 화면을 공

생체 모방 Biomimicry

K(Keep): 이대로 계속하고 싶은 일·잘 해낸 일
P(Problem): 과제·문제점
T(Try): 해결책·새롭게 실천할 일

유하면서 즉각적으로 스티커 메모를 붙여도 좋다. 참가자가 적는 모습을 보면서 5~10분 정도 시간을 체크한다. 적을 내용이 바로 떠오르지 않아 머뭇거리는 사람들에게는 팀에서 함께 이야기를 나누면서 돌이켜보도록 유도한다.

② "다음으로 P는 Problem입니다. 이번 프로젝트가 품고 있던 문제점이나 과제는 무엇이라고 생각하나요? 생각난 사람부터 P란에 적어주세요. 팀에서 상의해도 좋고, 개인이 생각해도 상관없습니다."
다음으로 P란 내용을 쓰게 한다. 상의하면서 진행하는 분위기를 만들어도 좋다. 퍼실리테이터는 활동 상황을 보면서 5~10분 정도 시간을 체크한다.

③ "마지막으로 T는 Try입니다. Keep이나 Problem의 내용을 바탕으로 해결책이나 새롭게 실천할 수 있는 일들을 다시 이야기로 나누면서 적어주세요."
T란 내용을 쓰게 한다. 퍼실리테이터는 활동 상황을 보면서 5~10분 정도 시간을 체크한다.

④ (CLOSING) "이번에 회고한 내용을 다시 팀에서 돌아보고, 다음 도전에 활용해 주세요."

이 워크숍의 목적

이 활동은 미국의 프로그래머 앨리스터 코오번Alistair Cockburn이 고안한 KPT 회고를 온라인용으로 응용한 것입니다. 프로젝트나 이벤트, 시합 등 특정 활동이 완료되었을 때의 회고 방법으로 사용할 수 있습니다. 중요한 점은 반성할 점부터가 아니라 좋았던 점부터 회고를 시작하는 것입니다. 반성부터 시작하면 긍정적인 이야기가 어려워집니다. 또한 내용을 적을 때 이야기를 나누면 혼자서는 깨닫지 못했던 것도 깨달을 수 있습니다. 시간이 있다면 회고 요소 한 가지당 30분 정도의 시간을 들여 여유롭게 진행해도 좋습니다.

응용하기!

● 이번에는 팀으로 회고를 진행했지만 큰 프로젝트의 한 챕터가 끝나거나 시간적인 여유가 있다면 작성하기 전에 이야기를 나누고 한 사람이 서기가 되어 작성하거나, 각자 내용을 쓰고 나서 팀 전체로 이야기를 나누는 등, 많은 이야기를 나누어도 좋습니다. 팀으로 회고를 진행하더라도 개인적으로는 또 다른 의견이나 나누고 싶은 경험이 있을 것입니다. 그 내용을 다시 공유하는 기회가 되기도 합니다.

익힐 수 있는 능력

● 반성 능력 ● 팀워크 ● 문제 해결 능력

텍스트 마이닝 감상문

28 떠오르는 키워드에서 보물을 찾자

- ☑ 신입 연수
- ☐ 관리자 연수
- ☐ 타 업종 교류
- ☐ 문화 다양성 연수
- ☑ 팀 빌딩
- ☐ 일대일
- ☑ 인재 육성
- ☐ ESG
- ☑ 학교
- ☑ 지역

30분

안내자
고우라
요시히로

이럴 때 도움이 된다

- 감상문이나 정리한 것을 적기만 한 채 끝나 버릴 때
- 한 사람 한 사람이 깨달은 바를 모두와 공유하고 싶을 때

권장 인원 6~30명

준비물 AI 텍스트 마이닝 사이트, 구글 잼보드

WORKSHOP

① "이번 프로젝트에 대한 감상을 한마디라도 괜찮으니 순서대로 말씀해 주세요. 자신이 배운 점이나 익힌 기술 등을 중심으로 이야기해 보겠습니다. 그럼 부탁드립니다."
한 사람씩 이야기하는 내용을 들으면서 퍼실리테이터는 제시된 키워드를 텍스트 마이닝 사이트에 입력한다. 이때는 문장이 아닌 단어로 입력해야 한다. 예를 들어 '멤버와 협동하면서 혁신이 일어나는 것을 느꼈다'라는 감상이 나왔다면, '협동', '혁신'이라는 키워드만 입력한다. 같은 의견이나 감상이 나오더라도 중복으로 입력한다. 퍼실리테이터는 모두의 감상을 차례대로 입력한다. 인원이 많은 경우, 스프레드시트나 특정 양식에 키워드를 입력하게 하고, 퍼실리테이터가 취합해 텍스트 마이닝 사이트에 입력한다.

② "감사합니다. 그럼 여러분이 말씀하신 감상 속에서, 어떤 것을 배우셨고, 기술에 대해 어떤 의견이 많았는지 텍스트 마이닝을 통해 살펴보겠습니다. (텍스트 마이닝한 항목을 화면에 공유해 보여주며) 크게 표시된 단어일수록 여러분의 의견 중에 많이 나왔던 단어입니다. ○○이라는 단어가 나왔는데, 이 단어는 구체적으로 어떤 체험에서 나왔는지 한 분이 공유해 주시겠어요?"
텍스트 마이닝에 입력한 단어를 워드클라우드(단어가 언급된 순으로 크기를 다르게 해 중요도와 빈도를 시각화하는 방법)로 표현하고 모두에게 화면을 공유한다. 많이 나온 단어나 모

두가 깨닫길 바라는 단어가 있다면, 퍼실리테이터는 그 단어를 말한 참가자에게 관련 체험이나 생각을 공유하도록 한다.

필요 협력
협동
경청 힘
아이디어 협조
다양성 의지 새로운 방법 혁신
스토퍼 리더십 적극성
책임감 행동 도출

③ "텍스트 마이닝을 통해 여러분의 마음에 남는 키워드가 있다면 무엇인가요? 그리고 앞으로 그것을 어떻게 적용하고 개선하고 싶나요? 적용하고 싶은 키워드를 넣어 자신만의 슬로건을 생각해 보겠습니다."
구글 잼보드 등을 사용해 참가자가 앞으로의 슬로건을 생각하고 쓰게 한다.

④ (CLOSING) "이렇게나 서로 다른 경험이나 기술이 나왔습니다. 다음 목표를 향해, 키워드를 염두에 두고 도전해 주세요."

이 워크숍의 목적

사람마다 경험을 통해 배우는 것은 다릅니다. 때로는 그것을 모두 모아 살펴보면 서로에게 깨달음을 줄 수 있는 경우도 있습니다. 말을 시각화해 보면, 평소에는 놓치기 쉬웠던 것도 떠오릅니다. 프로젝트뿐만 아니라 수학 수업에서 '모양이란?' 같은 문제로 진행하는 경우도 있습니다. 그러면 한 문제에 대해 다양한 시각과 이미지가 있다는 사실을 알게 됩니다. 다른 사람의 시점을 빌려 다각적으로 사물을 파악할 수 있는 워크숍 중 하나입니다.

응용하기!

● 이 활동을 팀에 응용해 팀에서 중요시하고 싶은 것이나 슬로건을 생각해도 좋습니다.

● 말이 아니라 시각적인 것으로 구현해도 좋습니다. 팀의 로고를 디자인하거나, 현장이라면 폐자재나 그림 도구를 사용해 합작품을 만들어 보는 것입니다. 다 함께 완성하는 즐거움을 누릴 수 있습니다.

익힐 수 있는 능력

● 공동 창조 능력 ● 반성 능력 ● 소통 능력

패턴 카드 회고

29

배움을
다음 도전으로
이어간다

- ☑ 신입 연수
- ☐ 타 업종 교류
- ☑ 팀 빌딩
- ☑ 인재 육성
- ☑ 학교
- ☑ 관리자 연수
- ☐ 문화 다양성 연수
- ☐ 일대일
- ☐ ESG
- ☐ 지역

40분

안내자
고우라
요시히로

이럴 때 도움이 된다

- 지금까지의 과정이나 성과를 돌아보고 싶을 때
- 프로젝트 등이 종료되어 정리하고 싶을 때

권장 인원 4~6명(많은 경우에는 소회의실로 나눌 것)

준비물 범주 표, 학습 패턴 카드, 구글 슬라이드, 구글 잼보드

WORKSHOP

① "(워크숍 당시 진행하고 있는 프로젝트나 주제에 대해) 지금까지 진행한 프로젝트를 일단락 지었으니, 다시 함께 회고하는 시간을 가져보겠습니다. 구글 슬라이드에 세 가지 범주를 준비했습니다. '○ 실천했다', '△ 조금 실천했다', 'X 실천하지 않았다' 세 가지입니다. 자신이 무엇을 실천했는지 돌아보면서, 이 페이지에 붙어 있는 '학습 패턴 카드'를 세 가지 범주로 나눠주세요. 15분 정도 시간을 드리겠습니다."

사전에 구글 슬라이드 등 참가자가 접근할 수 있는 곳에 세 가지 범주 표를 작성해 두고 공유한다. 동일하게 학습 패턴 카드를 이미지 파일로 한곳에 모아 놓고, 접근할 수 있도록 설정해 둔다. 구글 잼보드를 사용해도 좋다. 각자 40장의 카드를 세 가지 범주로 나누게 한다. 퍼실리테이터는 활동 모습을 보면서 15분 정도 시간을 체크한다.

학습 패턴 일람

[Core]

창조적 학습: 자신만의 학습을 구상한다.

학습의 기회: 학습 기회는 스스로 만드는 것이다.

만들기를 통한 학습: '기억하는' 학습에서 '만들고 실천하는' 과정의 학습으로.

배움의 개방: 자신의 안에 잠겨 있던 '학습'을 열면, 새로운 발견의 가능성이 열린다.

[Opportunity]

일단 빠져들기: 잘 모르는 것이야말로 우선 푹 빠져 보자.

흉내 내는 것부터: 학습은 흉내부터.

배움에 능숙해지기: 적절한 질문을 할 수 있으면 한층 나아갈 수 있다.

아웃풋에서 시작하는 학습: 인풋만이 학습의 출발점은 아니다.

일상에서 외국어 사용: 이따금 사용하면 신체도 마음도 익숙해진다.

배우면서 놀이: 흥미가 있는 것부터 시작하면 학습은 더 즐거워진다.

학습의 토네이도: 스펀지처럼 흡수하는 학습에서 스스로 관계를 만들어 가는 학습으로.

지식이 울렁울렁: 지적인 흥분, 학문적인 감동을 즐기자.

양은 질을 낳는다: 대량의 정보는 이해나 사고를 비약적으로 성장시킨다.

몸으로 기억하기: 의식하지 않고 자연스럽게 쓸 수 있게 될 때까지 반복한다.

언어 샤워: 첨벙첨벙 빠져들면 의외로 몸에 익는다.

성장의 발견: 어제의 나와 오늘의 나. 그 작은 차이에 민감해진다.

[Creation]

움직이면서 생각하기: 손을 움직이거나 발을 옮기면서 사고가 깊어진다.

프로토타입: 형태를 갖추면 다양한 면이 보이기 시작한다.

현장으로 뛰어들기: 행동해 보지 않으면 알 수 없는 것이 있다.

새의 눈과 곤충의 눈: 두 가지 시점을 번갈아 사용한다.

숨겨진 관계성에서 배우기: 의외의 연결이야말로 재미있다!

넓히면서 파고들기: 깊게 더 깊게 파고들기 위해서는 주변도 파 봐야 한다.

탐구에 대한 열정: 열정을 가지지 못한 것은 끝까지 완수하기 어렵다.

우뇌와 좌뇌 교대 사용: 논리와 감성 모두 필요하다.

작게 낳아 크게 키우기: 몇 번이고 업그레이드시켜 큰 성과로 만든다.

끌어당기는 힘: 그저 '보여주는 것'만으로는 부족하다.

쓰기만 해서는 어렵다: 자신이 이해하기 위해 쓰고, 다른 사람이 이해할 수 있도록 고쳐 쓴다.

목표 앞에서 액셀러레이터: 목표를 코앞에 두고, 제대로 살펴본 뒤 힘껏 속도를 높인다.

[Openness]
학습 공동체 만들기: 혼자서 공부할 필요는 없다.
운명적인 만남: 작디작은 행동이 불러오는 크나큰 만남이 있다.
라이벌 만들기: 서로를 자극해 성장시키는 동료를 찾는다.
말하면서 이해하기: 자신의 생각을 '말하는' 일은 자신에게서 그 생각을 '분리하는' 일.
가르침을 통한 배움: 사람을 가르치면 자신도 배우는 점이 있다.
단호한 결의: 결의를 다잡는다.
스스로 생각하기: '왜?'라는 마음을 잊지 않는다.
목표를 향해 다가가기: 그 길은 정말로 목적지로 이어졌는가?
버리는 용기: 집착하고 있던 것을 버리면 새로운 가능성을 얻을 수 있다.
프런티어 안테나: 최첨단을 알지 못하고서 최첨단을 개척할 수는 없다.
셀프 프로듀스: 스스로 자신의 '프로듀서'가 된다.
꿰뚫고 나아가기: 극한까지 꿰뚫고 나가기 시작하면 미래를 만들 수 있다.

② "모두 잘 분류하셨나요? 그러면 조금 실천했던 일 또는 실천하지 않은 일 중에서 앞으로 자신이 집중하고 싶은 일에 태양 스탬프를 찍어주세요. 몇 개든지 좋습니다."
각자 조금 실천했던 일 또는 실천하지 않은 일 중에서 집중하고 싶은 일에 스탬프를 찍게 한다. 여기서는 태양 스탬프를 사용했지만, 다른 모양도 좋다. 활동 상황을 보면서 2~3분 시간을 체크한다.

③ "이번엔 팀을 나눠 지금까지 만든 것을 서로 공유해 보겠습니다. 여러분이 '앞으로 집중하고 싶어요 스탬프'를 찍은 것을 서로에게 보여주고, 그 내용을 순서대로 설명해 주세요. (소회의실로 나누고 나서) 시작해 주세요."
4~6명 정도의 인원을 소회의실로 나눈다. 퍼실리테이터는 연공서열 등으로 순서가 정해지지 않도록 처음 시작할 사람을 정해준다. 모두에게 순서가 돌아가도록 10~15분 정도 시간을 준다.

④ "팀에서 나온 '앞으로 집중하고 싶은 일'을 참고해, 앞으로 팀으로서 다음에 도전하고 싶은 일을 의논하고 그 도전을 선언해 주시기 바랍니다. 그리고 '팀의 도전 선언'이 끝나면, 이번에는 자기 자신이 도전하고 싶은 일에 대해 '나의 도전 선언'을 적어 보겠습니다. 그러면 10분 정도 시간을

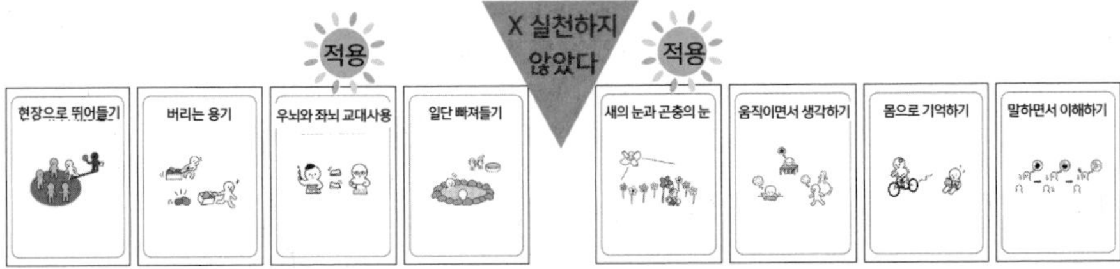

드리겠습니다. 의논해서 작성해 주세요."
소회의실을 유지한 채로, 이번에는 팀으로서 진행할 다음 도전과 자신의 도전을 구체적으로 작성하도록 한다. 가능하면 사전에 그 두 가지를 쓸 수 있는 시트를 미리 준비해 공유해도 좋다. 퍼실리테이터는 활동 상황을 보면서 10분 정도 시간을 체크한다.

⑤ (CLOSING) "다 되셨나요? 이번 프로젝트에서 배운 점, 실천하기 어려웠던 일을 통해 다음 과제가 보였을 겁니다. 이번에 쓴 도전 선언처럼 구체적인 행동으로 이어가 보시기 바랍니다."

이 워크숍의 목적

프로젝트를 진행한 후에 갖는 회고는 아무리 노력해도 반성하는 자리가 되기 쉽습니다. 하지만 중요한 건, 어떻게 다음을 위해 배운 내용을 활용해 나갈지가 아닐까요? 하지만 '개선하려'고 노력해도, 명확하게 행동으로 옮기기는 어렵습니다. 이때 패턴 카드를 활용해 자신이 할 수 있던 일, 그러지 못했던 일은 무엇이었는지 좀 더 명확하게 인식한다면 다음 학습으로 이어갈 수 있습니다. 개인의 목표와 팀의 목표를 모두 갖추고 앞을 향해 나아가다 보면 다음에는 분명 더욱 깊은 학습이 기다리고 있을 것입니다.

응용하기!

● 시간이 있다면 이후에 각자 정한 도전 선언을 목표 지점으로 설정한 레이더 차트를 만들고, 그 지점에 도달하기 위해 구체적으로 어떻게 실천해 나갈지 타임라인을 생각해 봅시다. 도전 선언을 말만으로 끝내지 않고, 당장 내일부터 무엇을 할 수 있을지 가까운 일부터 생각하면 행동으로 옮기기 쉬워질 것입니다.

익힐 수 있는 능력

● 소통 능력 ● 공동 창조 능력 ● 실행력

클로징 크레디트 마무리

30 모두가 함께 만든 워크숍의 깨달음을 공유

- ✓ 신입 연수
- ✓ 관리자 연수
- ✓ 타 업종 교류
- ✓ 문화 다양성 연수
- ✓ 팀 빌딩
- ☐ 일대일
- ✓ 인재 육성
- ✓ ESG
- ✓ 학교
- ✓ 지역

안내자
아즈마 히데아키

이럴 때 도움이 된다

- 사람이 많더라도 다 함께 감상을 공유하고 싶을 때
- 짧은 시간 안에 모든 사람의 배운 내용을 나누고 싶을 때

권장 인원 몇 명이든 OK

준비물 없음

WORKSHOP

① "오늘 워크숍은 어떠셨나요? 지금부터 이번 워크숍을 통해 배운 내용과 깨달은 점을 한 사람씩 돌아가면서 말한 뒤 오늘의 일정을 끝내려고 합니다. 잠시 손을 멈추고 이 자리에서 일어난 일들을 천천히 머릿속으로 돌아보겠습니다. 인상적이었던 말이나 체험, 자신의 안에서 일어난 감각을 떠올려 보시기 바랍니다."

참가자들이 배운 내용과 깨달은 점을 돌아볼 수 있도록 여유롭게 기억에 다가가는 시간을 만든다. 필요에 따라 당일 실시한 워크숍의 하이라이트를 안내해 기억을 불러일으킨다.

② "그러면 여러분이 배운 점이나 깨달은 것들, 앞으로 구체적인 행동으로 옮길 일 등을 이 자리에서 공유할 마지막 말로 채팅창에 적어보겠습니다. 자신과 똑바로 마주하고 마음속에 내재된 말을 평가나 판단 없이 그대로 적어주세요."

참가자에게 지금까지 배운 점이나 깨달은 것들을 다 같이 한 번에 채팅에 적게 한다. 장문보다는 직감적으로 쓰게 한다.

클로징 크레디트로 기입하면 좋은 내용

- 이 워크숍이나 연수를 통해 무엇을 깨달았는가?
- 자기 안에서 어떤 의식의 변화가 일어났는가?
- 구체적으로 어떤 행동을 선택할 것인가?
- 동료에게 감사하는 마음이 있다면 전해보자.

③ "여러분의 코멘트가 영화 끝에 나오는 크레디트처럼 차례대로 흘러나올 것입니다. 다른 사람이 배운 내용과 깨달은 점에 눈과 귀를 기울여 보세요. '○○'라는 분도 있었고, '□□'라고 깨달은 분도 계셨습니다."

퍼실리테이터가 마음에 드는 코멘트들을 차례대로 읽거나 선정해 공유한다. 최대한 전부 읽는다. 채팅에 떠오르는 말이 '고생하셨습니다','즐거웠습니다' 수준에 머문다면, 일단 멈추고 좀 더 배우거나 깨달은 점 등에 대해 깊이 생각할 수 있는 시간을 갖는다. 퍼실리테이터의 기대치를 전달하고, 각자 정리할 시간을 가진 뒤 다시 진행한다.

④ (CLOSING) "감사합니다. 여러분이 이 자리에서 느낀 점, 깨닫거나 배운 점, 미래에 대한 다짐이 전해져 왔습니다. 클로징 크레디트처럼 흘러나온 이 말들이 분명 큰 변화를 만들어낼 것이라 믿습니다."

이 워크숍의 목적

이 활동은 온라인 워크숍 진행 시간이 부족해져 급하게 감상을 적게 한 실패 경험에서 만들어진 아이디어입니다. 하지만 글로 쓰면서 생각을 가시화할 수 있고, 각자 깨달은 바가 깊어졌으며, 코멘트의 질도 점점 올라간다는 것을 알 수 있었습니다. 퍼실리테이터가 코멘트를 골라 읽으면, 문자 정보와 함께 소리 정보도 같이 얻을 수 있기 때문에 확실하게 마무리하는 자리를 만들 수 있습니다.

응용하기!

● 채팅에 감상을 적도록 안내하기 전에 소그룹으로 나눠 반성할 시간을 주거나, 서로가 쓴 코멘트에 덧붙여 깨달은 점에 대한 코멘트를 쓰게 해도 좋습니다.

익힐 수 있는 능력

● 반성 능력 ● 공동 창조 능력 ● 논리적 사고력

COLUMN

고우라 요시히로

학교 현장의 온라인화

최근 학교 교육 현장에서도 오프라인에서 온라인으로의 급격한 이동이 이루어졌습니다. 기본적으로 대면으로 진행되던 학교 교육은 온라인에서 적응하기 위한 준비를 해야 했습니다.

제가 교편을 잡은 사립 통합 중고등학교도 온라인 수업으로 전환한 후에 초반에는 학교에서 어떤 방침을 세워야 하는지, 긴급하게 대응 방안을 찾기 위해 교직원들은 몇 번이고 회의를 거듭해야 했습니다. 다행스럽게도 이미 ICT를 교내에 적용해 수업에도 활용하고 있었기에, 교원과 학생들이 온라인에 적응하는데 도움이 되었지만 매일 진행하는 모든 수업을 온라인으로 바꾸는 일은 그렇게 간단하지 않았습니다.

저는 교사가 되기 전 교육 회사에서 16년간 영업, 마케팅과 상품 개발, 관리 업무를 담당했습니다. 업무 분야는 바뀌었지만 학교도 기업도 조직의 비전을 공유하지 않으면 목표하는 방향을 향해 제대로 나아갈 수 없다는 점은 같습니다.

오프라인에서 온라인으로 중심이 이동하면서 수업, 자습, 재택근무 등 학교와 기업 모두 큰 과제에 직면하며 전환기를 맞아야 했습니다. 학교든 기업이든 이 온라인으로의 전환을 어떻게 받아들일지는 그 사고방식에 따라 달라집니다.

'지금'에만 집중하면 '일단 해치우고 진정되면 돌아가자'라는 임시방편밖에 세울 수 없을 것입니다. 눈앞에 놓인 것에만 집중하면 회사와 사원, 학교와 학생 모두 휘둘리기만 해 불행한 결과를 맞이하기 쉽습니다. 사원도 학생도, 기업이나 학교가 어떻게 움직일지 예전보다 더 주목하고 있기 때문에 비전 없는 일시적인 대책은 사기를 떨어뜨리기만 할 것입니다.

한편 이러한 시대의 변화 속에서도 '앞으로는 분명 이런 세계가 펼쳐질 것이다. 그러니 지금 어떻게 움직여야 하는가'에 대한 비전을 확실하게 그린 기업이나 학교는 완전히 다른 움직임을 보였습니다. 마치 현실 세계가 디지털 세계에 포함되는 '애프터 디지털After

Digital' 시대가 찾아온 것 같은 모습을 똑똑히 목격한 것처럼 말입니다. 저희 학교에서는 지향하는 수업이나 학습을 ICE 모델(캐나다의 수 영Sue Young 박사가 중심이 되어 개발한 학습 모델)로 구현했습니다.

Ideas: 지식의 정착
Connections: 지식의 활용
Extensions: 과제 해결·가치 창조

이 학습들은 학교 방침인 'For Others', 다시 말해 다른 사람을 위해, 세계를 위해 쓰여야 한다는 원칙을 중요시합니다.

Ideas: 지식의 정착

지금까지의 학교 교육은 주로 맨 첫 단계인 Ideas, 지식의 정착에 많은 시간을 할애해 왔습니다. 하지만 이런 '지식의 정착'은 온라인이 더 효과적이라는 사실을 깨달았습니다. 수업에서는 일대다, 선생 대 학생으로 설명을 진행하지만 인터넷 강의는 반복해서 듣거나 필요한 부분은 멈출 수 있어 각자의 이해도에 맞춰 학습할 수 있다는 장점이 있습니다.

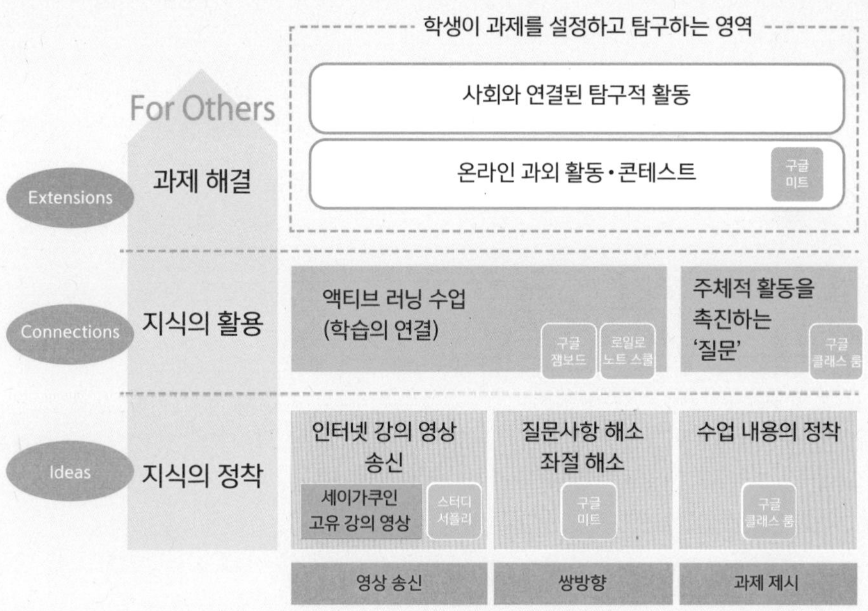

그와 동시에 그 지식을 정착시키기 위한 미니 테스트를 구글 폼으로 작성해 체크하거나, 온라인에 질문방을 열어 개별 학생에게 즉각적으로 대답할 수 있습니다. 이 또한 수업 중 교실 안에서 질문이 생길 경우에는 모든 학생의 움직임을 멈추고 대답해야 한다는 단점이 있었지만, 온라인이라면 필요한 학생만 참여해 개별적으로 시간을 쓸 수 있습니다. 학교 내에서는 구글 클래스룸Google Classroom을 구비했을 뿐만 아니라 다른 어플리케이션도 활용해 학생마다 다른 이해도에 맞춰 몇 번이고 문제를 반복해서 풀거나 어려운 부분을 중점적으로 공부하게 하는 등, 온라인을 유용하게 활용할 수 있었습니다.

Connections: 지식의 활용

'지식의 활용' 단계에서는 학생이 능동적으로 공부하고 다양한 학습을 이어갈 수 있는 액티브 러닝 수업에 집중합니다. 온라인과 현실 세계 양쪽에서 워크숍 형태의 수업을 진행하여 수업 지원 플랫폼이나 구글 잼보드 등을 통해 학생 개인의 느낀 점, 과제를 해결하기 위한 방안 등을 공유하거나 서로 해결책을 이야기하는 자리를 만들었습니다.

Extensions: 과제 해결·가치 창조

'과제 해결·가치 창조' 단계는 과외 활동이나 탐구활동, 사회와 연결된 탐구 활동을 중심으로 수업을 설계합니다. 이전에는 태국에서 소수민족과의 교류 또는 봉사활동을 하거나, 캄보디아에서 현지의 사회 기업가와 협동해 사회적 사업 지원 활동을 진행하는 등 PBLProject·Best·Learning 중심의 활동도 자주 실시했습니다.

지금은 국내외 전문가 또는 다양한 현장에 있는 사람들과 온라인으로 소통하거나, 과제에 대한 디자인이나 조사 등을 온라인 콘테스트 형식으로 진행하고 있습니다. 이런 과제 해결 활동은 난이도가 높고 시간도 많이 걸려 시행착오가 필요하기 때문에 오프라인과 온라인 양쪽에서 시간을 들여 진행해야 합니다.

이렇게 학교 교육도 오프라인과 온라인을 융합하면서 자율성이 향상되었다는 것을 실감하고 있습니다. 교과서의 내용을 넘어선 질문을 하고 싶을 때에는 오히려 온라인이 더 편하다고 느껴지기도 합니다.

우리 학교에서는 2020년 8월~2021년 1월 동안 주 1~2회, '과제 해결의 날'을 만들었습니다. 학생들은 학교에 직접 나와도 되고, 집에서 참가하는 것도 가능합니다.

과제 해결의 날에는 1~5교시까지 프로그램은 있지만 필수 수업과 임의 수업으로 나뉩니다. 내용도 수업 영상을 본 후에 온라인 질문회에 참여하거나 온라인 자습실에 가는 등, '지식의 정착' 시간으로 사용하고 있습니다. 한편 모두가 학교에 오는 날에는 '지식의 활용'이나 '과제 해결' 등에 집중할 수 있는 내용을 중심으로 수업을 구성하고 있습니다.

학생의 '스스로 배우는' 힘은 더욱 강조되고 있으며, 사회에서도 차이를 벌릴 수 있는 힘이 될 것입니다. 지금까지는 사람에게 잘 배울 수 있는 사람이 성장했습니다. 하지만 이제 혼자서도 배울 수 있는 사람이 성장할 수 있는 시대가 되었습니다. 디지털 원주민이라 불리는 그 아이들에게는 현실 세계와 온라인 세계, 양방향 학습이 점차 당연해지고 있는 것이 현실입니다.

아이뿐만 아니라 어른도 분명 느끼고 있을 것입니다. 자율적으로 학습을 고안하고 넓혀가는 힘이 미래를 크게 좌우하겠죠.

PART 5

Q&A

온라인 특유의
진행 요령부터
추천 도구와 사이트까지
워크숍 탐험부가 대답하다!

Q.1 온라인 회의 시스템은 무엇을 사용하면 좋을까?

A. 이미 사용하고 있는 서비스를 계속 사용하는 것이 제일 좋습니다.

온라인 워크숍의 플랫폼이 되는 온라인 회의 시스템은 이미 많습니다. 기업의 행사나 워크숍, 일상 회의에서 자주 사용되는 시스템을 표로 정리해 보았습니다.

	줌	웹엑스 미팅스	구글 미트	마이크로소프트 팀즈
채팅 기능	○	○	○	○
소회의실 세션	○	○	○	○
반응 기능	○	○	X	○
화면 공유	○	○	○	○
투표 기능	○	○	X	○
녹음·녹화	○	○	○	○
가상 배경	○	○	○	○
PC 화면 최대 표시 수	49명	25명	16명	49명
스마트폰 화면 최대 표시 수	4명	2명	5명	4명

※표는 2020년 12월 말 기준으로 작성. 각 서비스 기능은 매일 업데이트되기 때문에 최신 정보는 각각의 웹사이트 참조.

표를 보면 알 수 있듯 눈에 띌 만한 큰 차이는 없습니다. 굳이 말하자면 동시 표시 화면 수에서 줌이나 웹엑스 미팅스가 우세하다거나, 구글 미트에 반응 기능이나 투표 기능이 탑재되어 있지 않다는 차이가 있을 뿐입니다. 하지만 현재 탑재되지 않은 기능이라도 언젠가는 필요하다면 추가되겠죠.

그렇다면 어떤 기준으로 선택하면 좋을까요? 그건 자신의 회사(또는 학교, 조직)에서 이미 사용하고 있는 시스템을 최우선으로 고려하고, 자신이 그 시스템에 숙달되어 있는지를 따져보면 됩니다. 새롭게 도입하기에는 노력이나 권한이 필요하기 때문에 이미 있는 시스템을 확충해 가는 것이 사실 가장 빠른 지름길입니다.

온라인 워크숍을 실시할 때 반드시 필요한 기능은 꼽자면 '화면 공유', '채팅', '소회의실' 정도입니다. 추가로 있으면 좋은 기능들은 '반응', '가상 배경', '투표', '스탬프' 등이 될 것입니다. 중요한 것은 이 기본 기능들을 자신이 자유롭게 사용할 수 있게 되는 것입니다. 그를 위해서는 호스트로서 행사를 만들고 시행착오를 겪어보는 것이 가장 빠른 방법입니다.

지금까지 외부 지원자로서 활동해 온 입장에서 말하자면, 온라인 행사나 워크숍을 백 개 회사 이상 실시했을 때 압도적으로 많이 사용된 시스템은 줌이었습니다. 이미 많은 회사에서 사용하고 있는 경우가 많아 참가자들에게도 익숙하기 때문에, 시스템 이해도의 격차가 작은 상태에서 원활하게 시작할 수 있었습니다. 확장성이나 안정성이 높은 점도 줌이 가지고 있는 장점 중 하나입니다.

답변자: 히로에 도모노리

Q.2 온라인 워크숍을 진행할 때 최적의 인원은?

A. 목적에 따라 다르지만 대화형 워크숍이라면 24명 이내입니다.

무엇을 할지 그 목적에 따라 최적의 인원은 달라집니다. 대화나 공유 형식의 워크숍을 진행한다는 전제라면, 최대 최적 인원이 아니라 최소 최적 인원부터 생각해 보는 것을 추천합니다. 즉 소회의실에서 함께 대화를 나눌 수 있는 최적의 인원을 생각해 보는 것입니다. 그러면 5명 미만이 좋습니다. 5명이 넘으면 내용 공유나 대화에 시간이 걸려 전체적으로 진행할 때 그룹별 대화의 진도나 심도가 들쑥날쑥해지기 때문입니다.

그리고 각 그룹에서 이야기한 내용을 모두가 모인 자리에서 나누는 체험 또한 중요합니다. 참가자를 납득시키거나 참여 의욕을 고취시키기 위해서는, 모든 그룹의 대표자가 말하는 의견을 모두가 모인 자리에서 중요하게 다루는 일도 꼭 필요합니다. 그 관점에서는 공유 시간에 듣는 사람이 지루함을 느끼지 않는 사람 수가 여섯 그룹 정도입니다.

다시 처음의 질문으로 돌아오면, 대화나 공유를 전제로 하는 워크숍의 최적의 참여 인원은 4명x6그룹=24명 이내로 퍼실리테이터가 살피기 수월한 범위라고 생각합니다.

답변자: 히로에 도모노리

Q.3 온라인 워크숍을 진행할 때 체제나 역할 분담은?

A. 퍼실리테이터 외에도 TD, OD, GR이 있으면 좋습니다.

참가 인원이 적다면 퍼실리테이터 혼자서 워크숍 진행부터 기술 지원까지 전부 대응할 수 있지만, 10명 이상이 참가하는 워크숍에서는 좋은 방법이 아닙니다.

지원을 받을 수 있다면, 다음과 같은 역할의 사람을 미리 배치해 두면 좋습니다.

- 테크(테크니컬) 디렉터(TD)
- 오퍼레이션 디렉터(OD)
- 그래픽 레코더(GR)

각각의 역할을 설명하겠습니다.

줌을 비롯한 시스템을 운용하려면 테크 디렉터(TD)를 배치하고 주로 참가자의 입퇴실 관리와 소회의실 조 배정부터 실행까지 담당하도록 합니다. 이벤트에 따라서는 영상을 틀거나, 화면을 바꾸고, 음성을 조정하는 등 기기 주변을 조정하는 일도 TD에게 부탁합니다.

참가자 수가 더욱 많은 경우에는 오퍼레이션 디렉터(OD)도 함께 배치합니다. OD는 세션에서 참가자 간의 진행(오퍼레이션)이 막힘없이 진행될 수 있도록 질문이 나오거나 도움을 요청받았을 때 개별적으로 지원하거나, 대화하고 있는 몇몇 그룹에 카메라 오프·음소거 모드로 참가해 대화가 원활하게 진행되고 있는지 확인하고 그 상황을 퍼실리테이터에게 전달하는 등 현장과의 연락통 역할을 합니다.

또한 대화의 흐름이나 성과를 가시화하는 그래픽 레코더(GR)도 배치해 대화의 성과를 그림 형태로 모으면 풍성한 워크숍을 만들 수 있습니다. 특히 온라인 대화의 장에 색채나 표정이 있는 그림(그래픽)이 들어오면, 워크숍에 입체적인 변화가 생기는 동시에 회고를 할 때도 효과적입니다.

답변자: 히로에 도모노리

Q.4 온라인 워크숍에서의 효과적인 시간 사용법은?

A. 빡빡한 워크숍보다는 중간중간 휴식을 취합니다.

코칭이나 경영 연수 등 실제 현장에서는 아침 9시부터 오후 5시까지 하루를 꼬박 워크숍에 집중하는 경우도 많습니다. 하지만 온라인에서는 계속 화면을 봐야 하기 때문에 자칫 지루해질 수 있으므로 추천하지 않는 방법입니다.

오프라인 현장 워크숍에서 한 시간 반을 한 세션으로 적용한다면, 온라인에서는 45분을 한 세션으로 고려하는 것이 좋습니다. 예를 들어 총 7시간의 연수가 계획되어 있다면, 1회 3시간 반을 2회, 또는 1회 2시간 반을 3회에 나눠 다른 날에 실시하는 것이 더 효과적입니다. 연수와 연수 사이에는 과제를 내고, 연수에서 배운 것을 실천하게 합니다.

온라인에서 긴 시간 워크숍을 실시하는 경우에는 45분~1시간마다 휴식 시간을 주어 집중력이 지속될 수 있도록 설계할 필요가 있습니다. 이 휴식 시간은 반대로 현장보다 조금 짧아도 괜찮습니다. 휴식 중에는 카메라를 꺼도 좋습니다. 다만 줌 등의 시스템에서 로그아웃하면 그때까지 나누었던 채팅 등 기록이 사라져 버리니, 동일한 워크숍을 이어가려면 창을 유지한 채로 휴식하도록 주의해야 합니다.

워크숍이나 연수에 참가하고 있는 동안 기본적으로 카메라를 켜 놓는 것을 규칙으로 정한다면, 참가자들의 긴장감을 유지할 수 있는 하나의 방법이 됩니다. 그렇지만 워크숍을 긴 시간 동안 진행하게 되면 금방 지루해져서 휴대전화 등을 만지기 시작하거나 메일을 확인하는 등 딴짓을 하게 될지도 모릅니다. 자신의 순서가 아니라고 생각하면 마음이 풀어지는 것은 당연한 일입니다. 퍼실리테이터는 특히 아래 두 가지를 마음에 담고 워크숍이나 연수를 설계하기를 권합니다.

① 최대한 참가자에게 말을 시킨다

현장에서 진행할 때 이상으로, 퍼실리테이터가 말하는 시간을 얼마나 줄이고 참가자가 말하는 시간을 얼마나 늘리는지가 관건입니다. 활동 방법은 꼼꼼하게 설명해야 하지만 퍼실리테이터가 단조롭게 강의하는 것은 자칫 지루할 수 있습니다. 최대한 참가자의 이야기나 그룹 활동 시간을 늘리고 발표를 할 때도 발표자를 임의로 지목하는 등 긴장감을 가지게 만들어 봅시다.

② 줌 등의 기능을 충분히 활용한다

화면을 가만히 보고만 있는 것이 아니라, 채팅, 소회의실, 투표 기능 등을 활용해 참여하는 시간을 만듭니다. 소회의실에서는 적은 인원으로 대화할 수 있고, 채팅창에는 워크숍 도중에도 생각이 난다면 질문이나 의견을 바로 쓰게 할 수 있습니다. 다른 사람의 의견이나 발표에 대해서도 반응 버튼을 사용해 이모티콘 등으로 표현하면서 참여를 유도해도 좋습니다.

| 하루 워크숍 시간표 예시

9:00-9:50	오프닝, 아이스브레이킹 워크숍
9:50-10:00	휴식
10:00-11:00	워크숍①
11:00-11:10	휴식
11:10-12:00	워크숍②
12:00-13:00	점심시간
13:00-13:50	워크숍③
13:50-14:00	휴식
14:00-15:10	워크숍④
15:10-15:20	휴식
15:20-16:20	워크숍⑤
16:20-16:30	휴식
16:30-17:00	회고

답변자: 마츠바 도시오

Q.5 소회의실을 잘 나누려면?

A. 사전 설정, 현장 배정 등 목적에 따라 구분해 사용하세요.

줌에서는 참가자를 최대 50개 그룹으로 나눌 수 있습니다. 소회의실로 나누는 방법은 두 가지가 있습니다.

첫 번째는 참가자마다 무슨 그룹으로 나눌지 사전에 지정해 두는 방법입니다. 이 방법은 참가자나 워크숍의 특성에 맞게 의도적으로 그룹을 나눌 수 있지만, 사전에 참가자의 속성이나 특성을 알고 있어야만 설정할 수 있습니다.

두 번째는 줌 세션을 시작한 후 그 자리에서 호스트가 자유롭게 나누는 방법입니다. '네 명씩' 등 사람 수를 설정하여 각각의 그룹으로 나누거나, 호스트가 참가자를 골라 그룹을 나누는 선택지가 있습니다. 사람 수를 정해 놓고 나누면 균일하게 나눌 수 있다는 장점이 있지만, 동일한 속성 또는 본인의 희망에 맞는 그룹으로 나누는 것은 불가능합니다. 그래서 세션 개시 후에도 의도적으로 참가자를 그룹으로 나누는 방법을 알아 두면 편리합니다. 본서의 워크숍 내에서도 몇 번 다루었지만, 참가자의 표시 이름 앞에 그룹 번호를 붙이게 하는 것입니다.

예를 들어 ESG를 주제로 이야기를 나눌 때, '1 빈곤', '2 기아', '3 건강과 복지'라고 번호 리스트를 표시하고, '각자 흥미가 있는 주제로 나뉘어서 이야기를 나누겠습니다. 여러분이 가장 흥미를 느끼는 주제는 무엇인가요?'라고 질문을 던집니다. 그리고 자신의 표시 이름 앞에 그 번호를 붙이도록 안내합니다.

'홍길동'이라는 사람을 예로 들면, '1홍길동'이라고 붙이게 합니다. 그 후 소회의실로 나눌 때 번호를 통해 쉽게 구분할 수 있습니다. 방법을 아래에 상세히 설명해 두었으니 테스트해 보시길 바랍니다.

1. '소회의실' 버튼을 누른다.

2. 소회의실 개수를 설정하고, 멤버 할당 방법을 '수동으로 할당'으로 설정한다.

3. 각 소회의실의 '할당'을 클릭하면 참가자 리스트가 표시됩니다. 그중에서 각 회의실로 배정하고 싶은 사람을 고릅니다. 이때 표시 이름 앞에 그룹 번호를 넣게 하면, 호스트는 '1이 붙은 사람은 1그룹'이라고 한눈에 확인하고 배정할 수 있습니다.

4. 설정이 끝나면 '모든 회의실 열기'를 클릭합니다. 참가자가 안내를 받고 승인하면 각 소회의실로 나뉩니다.

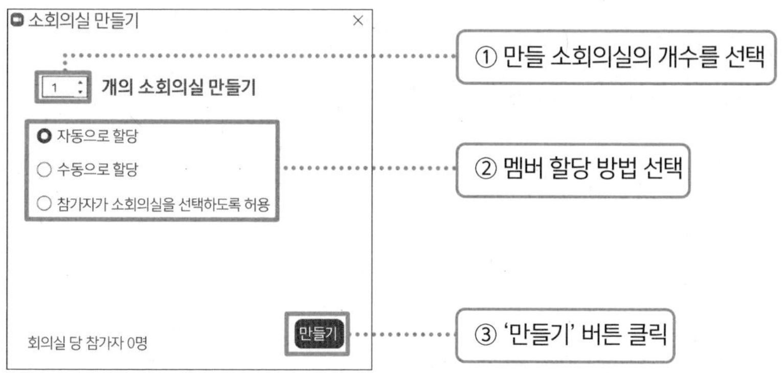

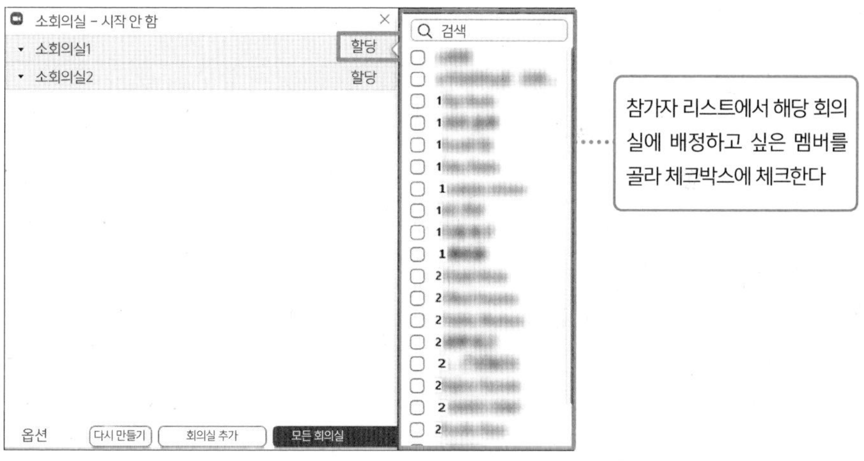

답변자: 고우라 요시히로

Q.6 소회의실 세션 중 퍼실리테이터는 무엇을 하면 좋을까?

A. 회의실을 방문해 도와주거나 공감합니다. 때로는 회의를 하거나 휴식하기도 하죠.

온라인에서 소회의실 세션 중 퍼실리테이터는 무엇을 하고 있어야 하는지, 무엇을 해야 할지에 대해서는 세션 내용이나 참가자들의 분위기, 퍼실리테이터의 사고방식에 따라 완전히 다르기 때문에 정답은 없습니다. 그중에서도 저는 크게 분류해 세 가지 방법을 자주 실천하고 있습니다.

첫 번째는 소회의실 세션 중 실시해야 하는 활동이나 대화가 원활하게 잘 진행되고 있는지 확인하기 위해, 각 소회의실을 방문하여 현장을 살펴보는 접근법입니다. 소회의실은 닫혀 있기 때문에 문제가 일어나도 퍼실리테이터가 쉽게 알아차리기 힘들고, 참가자도 오프라인 때처럼 쉽게 지원을 요청을 하기 힘든 구조입니다.

그렇기 때문에 퍼실리테이터는 재빠르게 모든 회의실을 순회합니다. 특히 복잡한 활동을 진행하거나 질문을 던지는 데 고전하는 듯한 반응이 나올 때는 '초반에 여러분의 회의실을 돌아다닐 테니 안심하고 진행해 주세요'라고 전달해 두고 시작하는 것이 좋습니다.

두 번째는 소회의실을 방문해 같은 참가자로서 '함께하는' 관계법입니다. 일부러 카메라를 켜고 가볍게 인사하며 입실합니다. 그리고 바로 귀를 기울이는 공감 모드로 들어가는 겁니다. 퍼실리테이터로서가 아니라, 한 사람의 참가자로서 함께 이야기를 듣고 공감하고 때로는 함께 발언하기도 합니다.

고개를 크게 끄덕이는 등 리액션을 많이 하면서, '감시'가 아닌 '공감'하는 모습을 의도적으로 참가자들에게 전달합니다. 장점은 대화가 활기차게 일어나지 않고 정체되어 있는 팀에게 에너지를 심어줄 수 있다는 점과, 개별적으로 이야기를 들을 수 있기 때문에 개인과의 관계성을 좀 더 쌓기 쉽다는 점입니다. 게다가 틈틈이 짧은 잡담도 나눌 수 있어 자리를 더욱 풍성하게 만들 수 있습니다. '선생님, 이 활동 재미있네요~'라든지, '이 과자 맛있네요!' 등, 닫힌 공간에서 일상적인 이야기를 나누면 그 후 메인 세션으로 돌아왔을 때 눈에 보이지 않는 동질감이나 안심감이 서로에게 생기는 것을 느낄 수 있습니다.

물론 한창 깊은 대화를 하는 중에 밖에서 퍼실리테이터가 들어오면 부정적인 효과를 일으키기도 합니다. 대화 중 깊게 공감하기 시작했을 때나 매우 개인적인 내용을 이야기하고 있을 때, 퍼실리테이터가 등장하면서 급격히 분위기가 차가워지거나 그다음을 이야기할 수 없게 되는 경우가 그런 경우입니다. 그렇기 때문에 때에 따라서는 일부러 카메라를 끄고 존재감을 드러내지 않기도 합니다.

세 번째는 각 회의실을 방문하지 않고 메인 세션에서 기다리는 방법입니다. 앞에서 말씀드린 대로 퍼실리테이터가 들어가면서 부정적인 효과를 일으키는 경우도 있기 때문에 때로는 믿고 기다려야 합니다. 또한 코퍼실리테이션(Co-facilitation, 2명 이상의 퍼실리테이터가 공동으로 워크숍을 진행하는 방식) 일 때는 서로 진행 상황을 확인하거나 유념해야 할 사항을 공유하고, 앞으로의 운영이나 접근법 등을 맞춰보기 위해 시간을 활용하는 경우도 있습니다.

다만 소회의실 세션 중 참가자가 회선 문제로 튕겨져 나가면서 짝 활동을 할 수 없는 경우가 가끔 일어나기도 합니다. 메인 세션에서 대기하고 있으면서 누군가가 튕겨져 나가지 않았는지 주시하고, 튕겨 나갔을 때에는 자신이 대화 상대가 되는 등 바로 대응할 수 있는 상태여야 하는 것도 중요한 일 중 하나입니다.

그리고 때로는 천천히 커피를 마시면서 잠시 마음을 정리하는 시간도 갖습니다. 긴 시간에 걸쳐 온라인에서 워크숍을 진행하는 일은 에너지를 크게 소모하기 때문에, 마음과 몸의 여유를 만들면 그 후 진행의 질이 높아지는 건 당연할 것입니다.

답변자: 아즈마 히데아키

Q.7 참가자의 집중력이나 사기가 떨어졌을 때는 어떻게 해야 할까?

A. 디지털 OFF나 몸을 스트레칭하는 휴식 시간을 가집니다.

온라인 워크숍이나 행사에서는 한 시간에 한 번 휴식시간을 갖도록 합니다. 다만 한 가지 주의점이 있습니다. 진정으로 몸을 쉬게 하는 시간으로 사용한다는 것입니다.

온라인 워크숍에서는 컴퓨터나 스마트폰 등을 통해 언제든 쉽게 인터넷 환경에 접속해 있기 때문에 휴식 시간 중에 메일을 확인하거나 인터넷 서핑을 하며 시간을 보내기 쉽습니다. 그런 경우는 제대로 된 휴식을 취하기 어렵습니다.

따라서 휴식 중에는 방을 환기시키거나 몸을 움직이는 활동을 추천합니다. 그림처럼 목이나 어깨를 돌리는 스트레칭을 참가자와 함께 해 보는 것도 좋습니다. 이를 통해 퍼실리테이터와 참가자의 거리가 가까워진다는 장점도 있습니다.

답변자: 히로에 도모노리

Q.8 온라인에서 100명이 넘는 대규모 워크숍이나 이벤트도 가능할까?

A. 물론 가능합니다! 포인트는 HOW와 WHAT입니다.

재택근무를 권장하기 시작하면서, 많은 기업이 연수 등을 온라인으로 실시하기 시작했습니다. 100명 이상이 참가하는 연수나 워크숍, 회사 총회 등을 진행하는 기업도 있습니다.

대규모 워크숍이나 연수를 설계할 때 중요한 것은 HOW와 WHAT입니다.

HOW는 '방법'입니다. 온라인일 때는 주로 기자재나 인터넷 환경 등 ICT 환경을 확인하고 검토해야 합니다. 주최자 측뿐만 아니라 참가자의 환경도 체크해야 합니다. 퍼실리테이터가 자택에서 진행할지, 주최자의 회의장으로 직접 방문할지에 따라서도 달라집니다. 온라인 회의 시스템 또한 줌 외에도 많이 있기 때문에 그 회사나 학교 등이 도입한 서비스 활용 방법을 미리 확인하고 능숙해져야 합니다.

또한 참가자가 화면에 어떻게 비칠지도 많은 사람이 참여할 경우에는 중요한 문제가 됩니다. 컴퓨터 화면 사이즈나 스펙에 따라 한 화면에 보이는 사람 수가 최대 5x5명인 경우와 7x7명인 경우가 있습니다. 모니터를 여러 개 준비하면 모든 참가자의 얼굴을 한 번에 보는 것도 가능할 것입니다. 퍼실리테이터 측이 여러 명이라면 화면을 분담하여 확인하면서 참가자의 상황을 파악할 수 있습니다. 특히 소회의실로 나눠질 때 퍼실리테이터는 각 팀의 상황을 보거나 질문에 대답해야 하기 때문에 사전에 역할을 분담해 두면 좋습니다.

WHAT은 워크숍의 '내용'입니다. 사람이 많으면 다 같이 참여하는 대화나 체감 활동 등은 어려워집니다. 또한 퍼실리테이터 vs. 참가자라는 구조가 되지 않도록 참가자가 주인공이 되는 콘텐츠를 설계하는 것이 중요합니다.

소회의실을 활용하면 참가자를 적은 인원으로 나눠 충분한 대화를 나눌 수도 있습니다. 다른 그룹의 소리를 들을 수 없다는 장점도 있죠. 많은 인원이 참여하는 오프라인 현장에서는 다른 그룹의 이야기나 작업에 신경을 빼앗길 수 있지만, 온라인 소회의실에서는 자신의 그룹에만 집중할 수 있습니다. 기본적으로 해설 등은 전체로 진행하고, 워크숍은 소인원으로 나누는 것이 좋습니다.

답변자: 마츠바 도시오

Q.9 어린이 대상 온라인 워크숍에서 주의해야 할 점은?

A. 초반에 얼굴과 목소리를 내는 데에 익숙해질 시간을 충분히 가집니다.

어른들도 온라인 환경에서는 평소와 똑같이 이야기하는 것이 어렵습니다. 하물며 어린이는 온라인의 구조를 이해하는 데 어른보다 더 큰 어려움이 있기에 불안도 크게 느낍니다. 디지털 세대인 지금의 아이들은 한 번 익숙해지면 빠르게 습득합니다. 하지만 도입부에는 어른 이상으로 충분히 시간을 가질 필요가 있습니다. 업무에 워크숍을 활용하는 어른은 스스로 참가하려는 자세를 가지고 있는 반면, 아이들은 어른처럼 스스로 생각하면서 참여하는 것이 어렵습니다.

예를 들어 교실에서 수업을 들을 때는 말하지 않거나 대충 듣기만 할 뿐인 아이라도, 온라인에서는 조금이라도 스스로 참가하기 위해 노력해야 합니다. 그렇기 때문에 처음에는 카메라를 켜서 얼굴을 보이고 다른 사람에게 동의하기만 해도 좋으니 목소리를 내라고 충분히 설명해 주는 것이 좋습니다. 매우 기본적인 것이지만, "먼저, '안녕하세요'라고 서로 인사하는 것부터 시작해 볼까요?"라고 말하며 참여를 유도하는 경우도 있습니다. 뭐라도 좋으니 처음에 다 함께 목소리를 내 보면 조금 긴장이 풀립니다. 목소리를 내면서 참여 의식도 생길 것입니다.

주인 의식이 낮아지기 쉬운 온라인에서는 아이스브레이킹이나 첫 활동을 자신에 관한 내용으로 설계해 워크숍을 한층 친밀하게 느끼게 하면 좋습니다. 워밍업으로 좋아하는 것이나 흥미가 있는 것 등 말하기 쉬운 주제를 먼저 고르는 것을 추천합니다.

또 한 가지 주의할 점은 발표를 하거나 의견을 공유할 때 말만으로 끝나지 않게 하는 것입니다. "자신의 생각을 말해 봐"라고 말로만 발표를 시킨다면 듣고 있는 사람도 계속 집중하기 어렵고 어른처럼 생각을 깔끔하게 정리해서 이야기하지 못하는 어린이도 있기 때문에 양쪽 모두 즐겁게 참여하기 힘들어집니다.

아이는 본서에서도 소개한 구글 잼보드처럼 시각적으로 적을 수 있는 화이트보드 같은 도구를 사용하거나 레고나 종이처럼 실제로 손을 움직여 만들 수 있는 것을 보여주면서 이야기하게 하는 등 사물을 매개로 하는 것이 발상과 소통을 확장할 수 있습니다.

참가자가 아이로만 이루어진 워크숍에서는, 소회의실을 사용해 작업이나 대화를 나누는 활동도 주의해야 합니다. 목소리가 큰 아이가 흐름을 끊거나 의견을 제대로 취합할 수 없는 상황이 벌어지는 등 아이들만으로는 정해진 시간 안에 원활하게 이야기를 나누기 어려울 수 있습니다. 가능하다면 어른이나 대학생 서포터를 각 소회의실에 배치해 대화를 지원하면 좋습니다. 그게 어려울 경우에는 진행에 소질이 있어 보이는 아이나 말이 서툰 아이가 한 소회의실에 집중되지 않도록 팀 배분에 신경 쓰도록 합니다. 구성원들이 모두 초면이라 그룹을 나누기 어려울 경우에는 소회의실을 사용하지 않고 다 함께 의견을 교환할 수 있는 워크숍을 고안하면 좋습니다.

답변자: 고우라 요시히로

Q.10 온라인 워크숍의 팔로우업은 어떻게 해야 할까?

A. 방과 후 시간이나 페이스북 그룹, 영상 송신 등을 활용합니다.

대면 워크숍이라면 종료 후 참가자들이 회장에 남아 감상을 나누거나 서로 연락처를 교환하거나, 또는 의기투합해 자체적으로 별도의 시간을 보내는 경우도 있을 것입니다. 한편 온라인은 용건만 해치우고 끝나는 경우가 많아 그런 여백의 시간이 좀처럼 없습니다. 온라인 워크숍뿐만 아니라 회의도 그렇습니다. 워크숍의 목적에 따라 다르겠지만, 종료 후에는 몇 가지 방법을 고안해 참가자와 참가자 그룹의 인연을 이어가게 하면 좋을 것입니다.

연수나 워크숍의 분위기가 활기를 띠었을 경우나 의견을 활발하게 교환한 경우에는 종료 후에 '방과 후 시간'을 설정합니다. 줌에 남고 싶은 사람만 남게 하거나, 비공식적으로 대화할 수 있는 자리를 만듭니다. 호스트 권한을 참가자에게 넘기고, 퍼실리테이터도 사무국도 존재하지 않는 공간을 만드는 것입니다. 말하자면 워크숍 후에 회장에 남아 잡담하는 듯한 상태를 준비해 두는 겁니다.

ESG와 같이 명확한 주제를 공유한 타 업종 교류회 등 앞으로도 발전해 나갈 가능성이 있는 모임의 경우 페이스북 그룹을 만들 수도 있습니다. 물론 참가자들의 동의를 얻어야 가능한 것들이지만, 관계를 길게 유지하고 싶은 그룹이라면 이 방법을 추천합니다. 연수 등의 경우에는, 더욱 깊은 이해가 필요하거나 관련 내용에 대해 알아주길 바랄 때에 팔로우업 영상을 만들어 나중에 송신하는 경우도 있습니다.

감상이나 배운 점, 채 묻지 못했던 질문 등을 인터넷 설문조사로 물어보는 경우도 있습니다. 이는 퍼실리테이터보다 주최한 기업이나 사무국 측에서 진행하는 경우가 많지만, 일정 기간 계속되는 워크숍이라면 그동안 효과를 확인할 수도 있을 것입니다.

답변자: 아즈마 히데아키

Q.11 온라인으로 일회성이 아닌 포트폴리오를 만들려면?

A. 구글 잼보드 등을 활용한 일괄 관리가 편리합니다!

지금까지 진행한 프로젝트나 대응 방법 등에 대한 결과물을 남기고 앞으로 활용하고 싶을 때 편리한 도구가 구글 잼보드입니다. 예를 들어 신입사원이 연수 기간에 씨름한 프로젝트의 과정이나 거기에서 배운 내용을 정리하고 싶을 때, 학생들이 학기 중 몰두한 탐구 학습을 정리해 두고 싶을 때 단기간에 시각적으로 알아보기 쉽게 만들 수 있습니다. 더욱이 프로젝트를 진행하면서 영상이나 말을 첨부할 수 있어, 끝나고 회고할 때에도 매우 유용하게 활용할 수 있습니다.

한 프로젝트의 포트폴리오를 예로 들어 보겠습니다. 사진이나 글(스티커 메모)을 이용해 다음과 같이 구성해 보면 좋습니다.

구글 잼보드 포트폴리오 만들기
1페이지: 프로젝트에서 얻은 성과

예) 패럴림픽 선수의 원격 응원 프로젝트

팀이 생각한 이상이나 목표를 달성할 수 있었는지 등 성과를 표현하는 사진이나 글을 넣습니다.

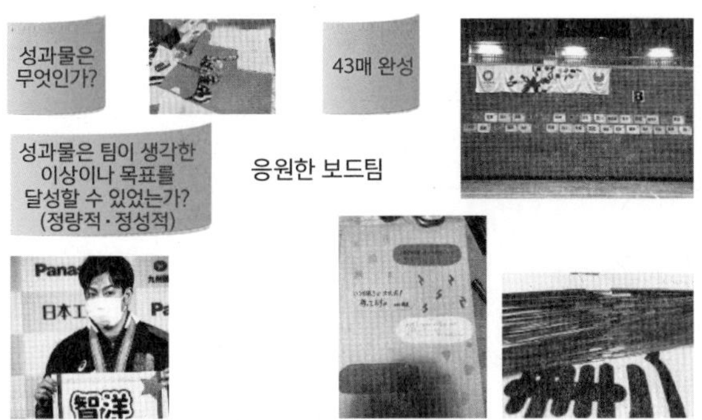

2페이지: 성과에서 좋았던 점, 부족한 점

팀의 성과를 돌아보고 좋았던 점과 개선점을 사진이나 글로 삽입합니다.

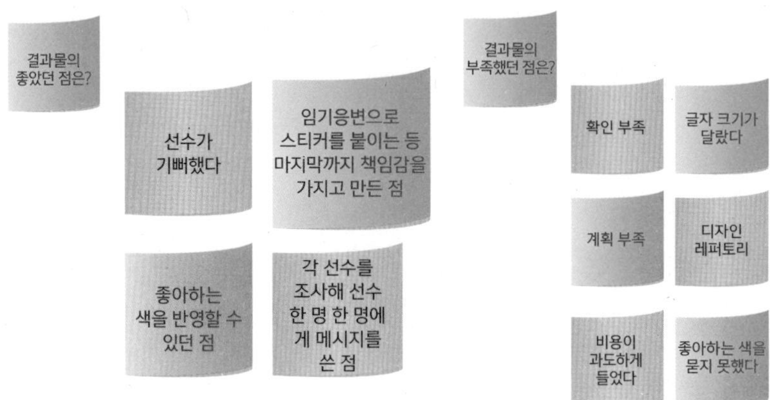

3페이지: 성과까지의 과정, 문제점, 자신의 공헌

각 과정에서 어려웠던 점, 자신이 팀에 공헌할 수 있던 점 등을 시간 순으로 작성합니다. 과정이나 각 문제점을 영상과 문자를 모두 이용해 하나로 정리하다 보면, 다음에 해결해야 할 과제나 개선점이 명확해집니다. 또한 잼보드의 장점은 이런 데이터를 여러 사람이 작성하더라도 하나의 파일로 취합할 수 있다는 것입니다.

예를 들면 워크숍 진행 중에 참가자가 자신의 페이지에 내용을 적으면 종료했을 때 하나의 파일로 합쳐지기 때문에, 페이지를 넘기듯이 참가자 한 명 한 명이 제작한 것을 볼 수 있습니다. 다른 사람이 제작한 페이지를 보면서 서로 배울 수 있고, 팀으로서 하나의 성과를 보여줄 수 있습니다. 학교에서는 탐구 학습이나 PBL(Project·Best·Learning), 연수 여행 정리 등에도 활용하고 있습니다. 기업에서도 프로젝트나 업무에 대해 정리하면서 한눈에 확인하며 개선점을 발견하는데 도움이 됩니다.

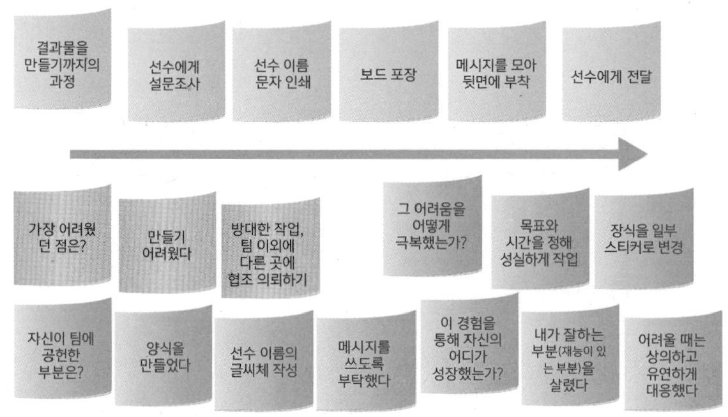

답변자: 고우라 요시히로

Q.12 온라인 행사에 참가하고 싶어도 장소가 없을 경우에는?

A. 공유 오피스, 유료 회의실 등 주위를 찾아봅시다.

워크숍뿐만 아니라 모든 온라인 행사에 참가할 때, '최적의 장소를 찾을 수 없다!'라는 말을 자주 듣습니다. 참가자 중에는 차 안에서 온라인에 접속하는 사람이나 황급히 카페에서 접속하는 사람도 많았습니다.

자택에서 온라인에 접속하는 사람들은 사생활을 보호하기 위해 배경을 가상 배경으로 변경하거나 접속이 끊어지지 않도록 와이파이에서 유선으로 변경하는 등 여러 가지 방법을 궁리하곤 합니다.

저도 장소 선정에 지금까지 고민하는 사람 중 하나입니다. 장소를 결정할 때 중요한 요소는 소음이 새어 들어오지 않는 조용한 환경, 사생활을 지킬 수 있는 환경, 안정된 인터넷 환경입니다. 이 세 가지를 실현할 수 있는 장소를 몇 군데 소개하고자 합니다.

첫 번째는 유료 회의실입니다. 최근에는 대면 연수를 하는 기회가 줄었기 때문에 공간 대여 회의실이 재택근무용 장소를 제공하기 시작했습니다. 또한 재택근무 시대와 함께 공유 오피스도 충분히 많아지고 있습니다. 음악 스튜디오 등 아예 다른 업종이 재택근무용으로 장소를 리모델링하여 방음 효과가 높은 개별실로 공간 대여에 참여하고 있습니다.

숲속 공터에 설치한
원격 근무 환경

두 번째는 같은 유료 회의실이지만 완전하게 재택근무나 온라인 회의용으로 만들어진 개인실 부스입니다. 역 내나 오피스 건물의 개방 공간 등에 설치된 경우가 많고, 이용하는 사람도 심심치 않게 보입니다(다만 한국에서는 공유 오피스 외에 비슷한 시설을 찾기 힘들기 때문에 '스터디카페 회의실'이 비슷한 장소일 것으로 보입니다). 사전 등록으로 미리 예약할 수도 있고 당일 비어 있다면 바로 들어가 이용할 수도 있습니다. 주변 소리도 신경 쓰이지 않기 때문에 집중할 수 있는 장소로 추천합니다.

세 번째가 호텔 당일 이용입니다. 재택근무가 늘어나는 요즘, 많은 호텔이 낮에 객실을 빌려주는 서비스를 제공하기 시작했습니다. 숙박과 비교하면 꽤 저렴하고 호텔에 따라서는 사우나도 있어 회의 틈틈이 사우나에서 기분을 전환할 수도 있습니다. 무선이면 회선이 안정되지 않는 경우도 있으니 사전에 회선 속도나 유선 대응 여부 등을 확인한다면 문제없이 사용할 수 있을 것입니다.

예전에 뉴스에서 관람차에 탄 채로 재택근무를 하는 모습이 소개되기도 했습니다. 인터넷 환경과 전원만 갖춰진다면, 어디서든지 참가할 수 있는 시대가 되었습니다. 이번 기회에 자신에게 최적인 장소, 마음 놓을 수 있는 아지트를 찾아보면 어떨까요?

답변자: 아즈마 히데아키

Q.13 팀의 잡담 모임, 어떻게 하면 활발해질까?

A. 주제를 정하거나 청소를 하는 등 일하면서 수다 떠는 시간을 만드세요.

재택근무를 하게 되면서, 사무실 복도나 커피 머신 앞에서 동료나 다른 부서 선배와 잠깐씩 나누는 수다 시간이 줄어든 것을 슬퍼하는 사람들이 있습니다. 그 이야기를 듣고 잡담 시간을 의도적으로 만들거나 "잠시 수다 떱시다"라고 자리를 만들면 회의가 되어버려 결국 흐지부지되는 경우도 꽤 있는 것 같습니다. 이 문제를 해결하기 위해서는 잡담이 생겨날 수 있는, 사람이 생각지 못하게 모이는 자리를 만드는 것이 중요합니다.

제 직장에는 매주 금요일 저녁 30분, '청소 시간'이 있습니다. 재택근무를 하다 보면 집이 더러워지기 십상입니다. 그래서 주말이 되기 전, 집이라는 재택근무 공간을 다 같이 청소하는 시간을 만들었습니다. 이 시간은 원칙적으로 회의를 잡지 않고, 모두 온라인상에 모여 오로지 청소를 합니다. 그리고 스피커와 마이크를 켜두고 자신의 자리를 정리하면서 자유롭게 수다를 떨고 싶은 사람은 편하게 말하도록 하는데, 이 방법이 의외로 잘 먹힙니다. 결국 현대판 빨래터 아낙네 수다라고 할까요.

다른 방법으로는 사내에서 줌을 이용해 라디오 프로그램을 운영하는 것입니다. 저와 동료 두 명이 MC를 맡고, 매번 두세 명 사내 멤버를 게스트로 초대해 일이 아닌 일상 잡담을 나눕니다. 점심시간에 격주 1회 정도 실시하는데 라디오의 특성상 참가자는 귀만 열고 있습니다. 이게 인기 프로그램으로 성장하면서, 부탁하지도 않았는데 시청자는 게스트의 이야기를 들으면서 채팅에 감상을 끄적이거나 자연스럽게 수다를 시작합니다.

이렇게 잡담 그 자체를 목적으로 하는 게 아니라 청소를 하거나 라디오 채널을 여는 등, 많은 관계자가 모이는 필연적인 자리(여백)를 만들면 결과적으로 우발적인 잡담을 만들어내는 자리로 이어진다고 생각합니다.

답변자: 히로에 도모노리

Q.14 온라인 회식, 흥이 오르지 않는다!

A. 회식도 디지털 트랜스포메이션이 필요합니다.

온라인으로 진행되는 '줌 회식'이 일반적인 자리가 되었습니다. 한편 '진짜 회식처럼 활기를 띠지 않는다', '집이라서 막차를 놓칠 걱정은 없지만 시간의 제약이 없어 지지부진하게 시간을 보내게 된다', '침묵을 견딜 수 없다'라는 의견이 있는 것도 사실입니다.

줌 회식은 이른바 진짜 회식을 디지털 자리로 옮겨온 것으로, 소통의 DX(디지털 트랜스포메이션)라고는 할 수 없습니다. 온라인만의 특성을 살려 DX 형식의 회식을 실시할 필요가 있습니다.

예를 들어 제가 자주 하는 방식은 '온라인 캠프파이어 회식'입니다. 유튜브에는 4K 영상으로 촬영된 캠프파이어 영상이 많습니다. 이 영상을 음성과 함께 줌으로 화면을 공유하고 흔들림 없는 모닥불과 불이 내는 소리를 공유합니다. 참가자에게는 방의 불을 끄게 하고, 카메라도 끄고, 느긋이 쉬는 자세(자도 OK)로 음성만 틀어 놓게 하면, 정말로 모두 모닥불을 둘러싸고 있는 것 같은 상태가 됩니다.

그 후 맥주나 화이트 와인을 한 손에 들고, 누군가에게 조용히 속삭이거나 이야기하는 편안한 시간을 나눕니다. 그러면 자신도 모르게 본심이 나오거나 깊은 이야기를 나누는 것도 가능해집니다. 온라인 특성인 시각과 청각을 최대한으로 자극해 여유롭게 이야기할 수 있는 효과가 있습니다.

답변자: 히로에 도모노리

Q.15 워크숍 탐험부의 원격 환경과 기분 전환 방법을 알려 줘!

A. 안내자들의 화면 뒤를 보여드립니다!

<마이크도 조명도 깔끔하게 정리> 마츠바 도시오

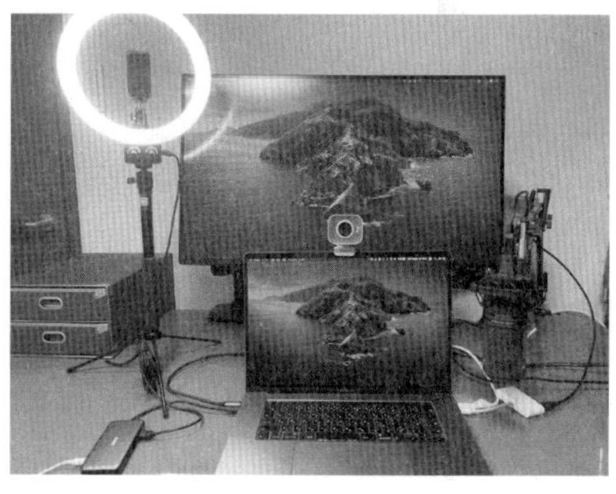

온라인 연수나 워크숍을 시작한 후, 이를 위해 기자재 한 세트를 갖췄습니다. 맥 27인치 4K 모니터, 웹 카메라, 마이크, 조명, 그리고 앉았을 때 편안한 사무실 의자까지요. 그 이후, 아침부터 저녁까지 몇백 건의 연수를 여기서 진행하고 있습니다.

휴식 시간에는 복도로 나가 제일 좋아하는 골프 연습을 합니다. 방에 있는 관엽 식물과 탄자니아의 작가 S.G.무바타의 그림이 기분 전환을 시켜주기도 하고, 저를 위로해 주기도 합니다.

<캠핑카에서 재택근무도!> 히로에 도모노리

기본적인 재택근무 환경은 ①~⑤의 비품을 활용합니다. 포인트는 참가자의 표정이 보이도록 ②서브머신(iPad)으로 갤러리 보기를 확인하고, 행사의 분위기를 파악하기도 합니다. 혼자서 집중하며 작업을 할 때는 ④스피커로 재즈 등 BGM을 트는데, 모두 재택근무 환경 덕분입니다. 수정이나 광물을 좋아해 가까운 곳에 두고 예뻐하면서 일할 수 있는 것도 마음에 드는 점입니다.

최근 원격 사무실로 쓰기도 하고, 잠시 숨 돌릴 공간으로 활용하기 위해 중고 캠핑카를 구입했습니다. 차내에는 전원이나 책상이 있기 때문에 포켓 와이파이와 컴퓨터만 있으면 어디서나 일할 수 있습니다.

다만 업무로 캠핑카를 사용하기보다는 가족과 시간을 보내는 일이 늘어났습니다. 매주 주말, 일찍 일어나 산이나 바다로 일출을 보러 가거나 힘들 땐 침대에서 낮잠을 자는 등 시간을 보내며 아이들도 정말 행복해합니다. 여유 시간도 충실히 보내면서 기분 전환을 하면, 내일을 향해 나아가는 활력이 되기도 합니다.

③ 스크린 투영용 모니터

② 갤러리 보기 확인용 서브머신

④ 스피커

⑤ 수정

① 메인 PC

<원격 사무실에서> 아즈마 히데아키

첫 번째 사진은 원격 전용 유료 사무실입니다. 컴퓨터는 맥 북 프로16Mac Book Pro16으로, 코어 i7Core i7프로세서라서 줌으로 49명까지 한 화면에서 볼 수 있어 한 명 한 명의 얼굴 표정을 확인하며 진행할 수 있습니다.

이전에는 많은 집기를 늘어놓아야 했지만, 최근에는 도구에 의존하지 않고 최대한 단순하게 행사를 준비하려 합니다. 숨을 돌리기 위해서 때로는 밖에서 온라인에 참가하기도 합니다. 자연 속에 있으면 모든 게 정리되는 기분입니다.

<교무실에서도 온라인 수업을 ON AIR> 고우라 요시히로

온라인 수업 이외에도 홍보를 담당하고 있기 때문에 학교 설명회 등 다양한 온라인 행사를 여는 경우가 늘었습니다. 컴퓨터는 워크숍이나 수업 자료를 공유하기 위해 한 대, 동작을 확인하거나 학생들의 표정을 보기 위해 한 대를 각각 설치했습니다.

온라인 중에는 'ON AIR' 사인을 붙여놓고, 주위에서도 알 수 있게 합니다. 집에서 진행하는 경우도 자주 있습니다. 휴식으로는 수업 틈틈이 어깨 마사지를 해줍니다. 컴퓨터 작업으로 피곤해진 눈과 어깨가 시원해집니다.

Q.16 온라인 워크숍에서 활용 가능한 추천 툴이나 사이트를 알려줘!

A. 워크숍 안내자들의 추천을 대공개합니다!

● 구글 잼보드Google Jamboard

https://jamboard.google.com/

구글 클라우드를 사용해 여러 명이 동시에 화이트보드처럼 적거나 편집할 수 있다. 아이디어 도출이나 브레인스토밍에 편리(WS05, WS17, WS20, WS21, WS22, WS25, WS27, WS28, WS29 참조).

● 미로Miro

https://miro.com/

온라인 협업 툴. 화이트보드를 공유해 여러 명이 동시에 편집할 수 있다. 용도별 화이트보드 템플릿도 풍부하다(WS27 참조).

● 구글 슬라이드Google Slides

https://docs.google.com/presentation/u/0/

프레젠테이션 툴. 파워포인트 파일을 구글 슬라이드로 변환할 수도 있다(WS29 참조).

● 오토드로우AutoDraw

https://www.autodraw.com/

머신러닝을 활용한 그림 그리기 툴. 자신이 그린 도형이나 그림에 맞는 다양한 일러스트를 제안해 준다. 예를 들어 동그라미를 그리면 헬멧 등 관련된 모든 일러스트가 표시되어 마음에 드는 것을 고를 수 있다(WS21 참조).

● AI 텍스트 마이닝

텍스트를 넣으면 빈출 단어가 크게 표시되고, 동사, 명사, 형용사, 감동사가 각각 다른 색으로 표시되는 등 텍스트 분석 결과를 시각화할 수 있다. 또한 단어의 출현 패턴이 닮은 '공동 기출 키워드'를 선으로 연결한 그림 등을 통해 다양한 각도에서 검증할 수 있다(WS 28 참조).

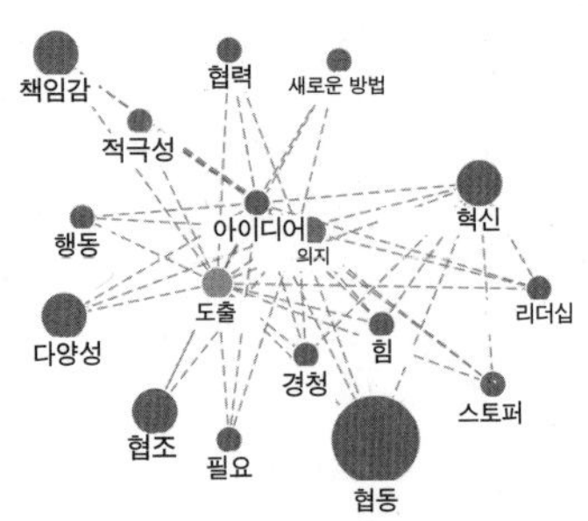

● 주사위

https://kr.piliapp.com/random/dice/

브라우저상에서 주사위를 던질 수 있다. '주사위 던지기' 버튼을 누르면 주사위가 데굴데굴 굴러가, 진짜 주사위를 사용하는 것 같은 감각을 느낄 수 있다(WS03 참조).

※주사위 던지기 웹사이트 참조

● 구글 폼즈Google Forms

https://www.google.com/intl/ko_KR/forms/about/

참가자가 각자 그 자리에서 코멘트를 넣고 한곳에 모아 볼 수 있는 실시간 설문조사. 그날의 감상이나 진행한 프로젝트에 대한 생각 등을 화제별로 나눌 수 있다.

● 카훗Kahoot!

https://kahoot.com/

퀴즈 등에서 사지선다형 질문을 작성하고, 그 자리에서 참가자에게 선택해 답변하게 할 수 있는 시스템. TV 퀴즈 프로그램에 참가하고 있는 듯한 기분으로 이용할 수 있다.

● 원판 돌리기

https://wheelofnames.com/

발표순서나 선물 당첨자를 정하는 툴. 이름을 적어 넣으면 원판이 회전하다가 멈춘다. 무작위로 정할 때 두근거리는 기분을 맛볼 수 있어, 단순하지만 분위기가 달아오른다.

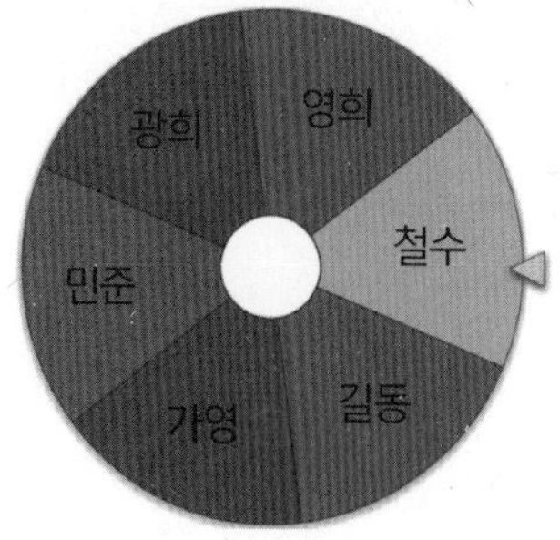

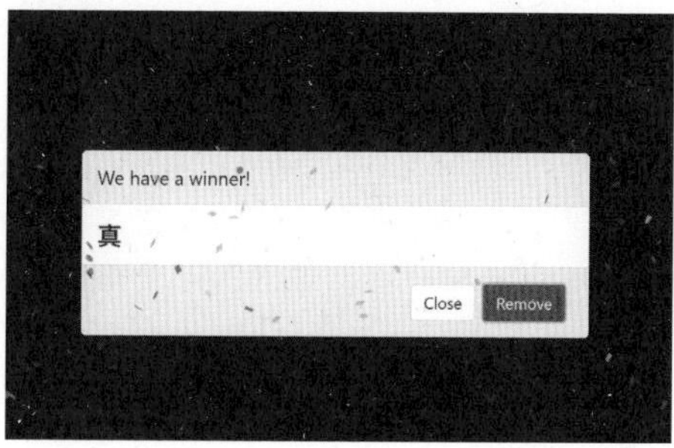

※ Wheel of Names 웹사이트 참조

● 멘티미터Mentimeter

https://www.mentimeter.com/

참가자의 목소리를 화면에 표시할 수 있다. 온라인 워크숍의 시작이나 마지막에 기분이나 감상을 들을 때 사용할 수 있다.

《온라인 퍼실리테이션 진행의 기술》을 읽고

가장 좋았던 점을 한마디로 표현하면?

QnA가 도움이 되었다!

대부분 그림이 있어 감각적으로 이해하기 쉽다
퍼실리테이터는 냄새를 맡는 사람
목적을 위한 방법은 무한한 가능성이 있다
우리 꽤나 실험하고 있었구나
퍼실리테이터는 '참가자에게서 이끌어내는' 존재
교육의 장에서 사용되는 지식이 뿜뿜!
활동이 이렇게나 정리되어 있다니 대단해
우리 사회에 익숙해져 있으면 자신의 당연함을 남에게 요구한다
최신 사회 동향(기술, ESG)으로의 접속
아이스브레이킹은 참가자의 편안한 마음을 만든다!
바로 사용할 수 있는! 워크숍과 함께
어느 때 무엇을 사용할 수 있을지 한 번에 알 수 있다
리더를 중심으로 조직으로 묶는다!
퍼실리테이터는 꽃을 피우는 사람

● 효과음 모음

https://www.bgmfactory.com/

이벤트 등에서 연출의 일환으로서 효과음을 자유자재로 틀 수 있다. 표창 효과음이나 발표자를 향한 박수 등, 풍부한 효과음이 모여 있어 추천(WS15 참조).

● 스트림야드StreamYard

https://streamyard.com/

Youtube Live나 Facebook Live에 발신할 수 있는 툴. TV 프로그램처럼 멋있어 보이는 모습을 간단하게 연출할 수 있다.

● 레모Remo

https://remo.com/

실제 회의처럼 온라인에서도 자리에 앉아, 각자 같은 테이블 사람과 대화를 주고받을 수 있다. 우연한 만남도 생겨나니 온라인 자습실, 온라인 협업으로 사용하는 것도 추천.

※ Remo 웹사이트 참조

● 코지룸 Cozy Room

https://cozyroom.xyz/

휴식 공간. 행사나 워크숍에서 짧게 10분 정도 휴식할 때는 카메라를 끄고 음소거 설정으로 쉬게 하지만, 점심시간 등 긴 시간 휴식은 코지룸에 접속하도록 권장한다. 가구나 나무 등 배치도 자유롭다. 아바타로 가까운 사람과 이야기할 수 있고, 이야기하고 싶지 않다면 떨어져서 앉거나 목소리가 닿지 않게 설정하는 등 특별한 기능도 있어 휴식 중 간단한 잡담을 나누기에도 좋다.

※ Cozy Room 웹사이트 참조

워크숍 탐험부 미팅

재택근무의 시대, 온라인 워크숍이란

지금이야말로 온라인 워크숍이 필요한 때

아즈마) 지난 몇 년, 사람들의 업무방식은 크게 바뀌었습니다. 재택근무에 익숙해진 한편, 이동이 필요 없어졌기 때문에 1분 단위로 회의를 설정하기도 하고, 쉴 틈 없이 온라인 회의를 하는 사람이 많아졌습니다. 분 단위 회의에서는 업무 관련 내용만 논할 뿐, 그 뒤에 있는 배경이나 기분을 공유할 자리도 여유도 없습니다. 그렇기 때문에 평소 다루지 않는 '생각'이나 '갈등'에 대해 주고받는 자리가 필요합니다.

고우라) 제가 근무하는 학교에서도 온라인 수업을 진행했습니다. 동아리 활동도 온라인으로 진행했죠. 지금의 중고등학생이 디지털 세대라고는 해도 의사소통에 한계가 있고 어려움이 많습니다. 학생들은 '어떻게 이야기하면 좋을지 모르겠다'면서 당황하고 있습니다. 그래서 워크숍 같은 작은 도구나 소통 방식을 제안하면 단숨에 이야기가 활발해지는 것이죠.

마츠바) 사람에 따라서는 하루 열 건 이상 회의에 들어가는 사람도 있습니다. 근무방식을 바꾸어 효율을 향상시켜야 하는 데다가, 재택근무로 더욱 효율만 추구하게 되는 현실에 무서움도 느끼고 있습니다. 재택근무로 우울증에 걸릴 것 같다는 사람이 많은 이유도 이해할 수 있습니다.

그렇기 때문에 워크숍에서 사물의 의미를 추구하고, 평소 이야기하지 않는 내용을 말하고, 상호작용을 일으키는 일이 매우 중요해지고 있습니다.

히로에) 조직을 발전시키려면 두 가지 에너지가 반드시 필요합니다. 하나는 '분회', 효율적으로 기능을 나누는 것입니다. 그리고 다른 하나가 '통합' 나눈 것을 묶는 에너지입니다. 그 양쪽이 있어야 기업이 움직입니다.

하지만 재택근무로 업무 분담이 가속화되면서 온라인 회의에서도 일부 사람들만 만나는 등 조직 전체가 서로 접촉할 기회가 줄어들었습니다. 조직 내 구성원들의 시야가 개별적으로 나뉘면서 조직에서도 분리가 일어나는 것 같습니다.

마츠바) 같은 회사 내에서도 이야기하는 사람, 이야기하지 않는 사람으로 완전히 나뉘게 되었죠. 하지만 이러면 동질성만 높아져 버립니다. 다양성을 존중하기가 한층 어려워지는 겁니다.

아즈마) 각자가 보고 있는 시야에 갇히는 건 무서운 일입니다. 제멋대로 생각하거나 문자 정보로 상상을 부풀려, 오해를 낳는 경우도 있기 때문입니다. 그렇게 되기 전에 '정리하는 장소'로서도 워크숍이 기능하고 있습니다.

온라인이어서 갖춘 장점과 가치

고우라) 제가 근무하는 학교는 현재(2021년 4월) 오프라인 현장 수업과 온라인 수업을 병행하고 있습니다. 현장에서의 학습을 회고하는 데 온라인이 매우 효과적이라고 느낍니다. 온라인 워크숍에서 툴을 사용해 말을 가시화하고 조합하면서, 학습이 데이터로서 축적되기 때문에 학생들의 동기 부여로도 이어집니다.

반대로 온라인이라서 어려운 점은 카드 게임 등 물건을 이용하는 활동입니다. 학교 학습에는 그런 요소가 많아 어떻게 극복할지가 과제입니다.

히로에) 확실히 온라인의 '저장'과 '복사'라는 기능은 회고에 가장 적합한 기능이라고 생각합니다. 버튼 하나로 끝낼 수 있어 편리하죠.

마츠바) 시간이나 비용도 들지 않아, 해외나 지방에서 연수나 워크숍에 참가하는 사람도 늘었습니다. 이동이 필요 없어진 만큼 수면 시간도 늘었고요(웃음).

아즈마) 장소의 제약에서 해방되었죠. 소회의실도 주위의 영향을 받지 않는 닫힌 세계관이라서, 깊은 대화를 나눌 수 있게 되었습니다.

● 온라인 워크숍의 장점

- 재택근무 업무를 통해 숨겨진 생각이나 갈등 등을 공유할 수 있다
- 상호작용과 다양성을 만들어 낸다
- 같은 풍경, 같은 경험을 공유할 수 있다
- 사람들을 모으고 통합한다
- 비용과 장소의 제약이 없다
- 말을 가시화하고 축적할 수 있다

온라인에 등장한 새로운 기능과 가치

마츠바) 온라인 회의 시스템을 사용하면서 현장과는 또 다른, 행사에 편리한 기능이 있다는 것을 알고 온라인에서 할 수 없는 일을 한탄하기보다 온라인에서 할 수 있는 장점을 활용하면 좋겠습니다.

히로에) 온라인에서는 영상과 채팅을 동시에 이용할 수 있습니다. 획기적인 일입니다. 무언가를 보면서 코멘트를 쓰게 하거나, 문자 정보를 공유하거나 할 수 있죠.

다만 참가자에게 주어지는 정보량이 많기 때문에 질문이나 메시지를 압축하지 않으면 초점이 흐려지기 쉽다는 것도 느껴집니다. 그래서 워크숍 설계가 중요하죠.

마츠바) 확실히 채팅을 통해 소통이 확장되기 시작했습니다. 현장 워크숍에서 참가자가 연달아 질문하면 진행이 느려지는 경우도 있고 다른 사람 앞에서 목소리를 내기 어려워하는 사람도 있기 마련입니다. 이때 채팅을 사용하여 질문이 떠오를 때 적어두게 하면 퍼실리테이터가 틈이 날 때마다 대답할 수 있습니다.

현장이라면 순서를 기다렸을 한 사람의 질문이 다른 많은 참가자의 사고를 넓혀주는 기회가 되기도 하니, 채팅은 정말 좋은 소통 수단이라고 생각합니다.

히로에) 투표 기능도 자주 사용합니다. 오프라인 워크숍일 경우, 관리직이 많이 참가하는 자리에서 의견을 취합하면 다른 사람의 의견을 따라가는 사람이 나오지만, 온라인이면 동시에 그 자리에서 버튼을 클

릭해야 합니다. 그러면 눈치 보지 않고 평등한 공간에서 모두가 의견을 표명할 수 있고, A인지 B인지 자신의 의견을 정확하게 내놓을 수 있습니다.

온라인에서는 모두 평등하게 참가할 수 있다는 것이 가장 좋습니다. 화면에서 어디가 상석이라는 논의가 있기도 했지만, 퍼실리테이터도 임원도 모두 같이 작은 화면에 들어가 있기 때문에 압박감도 그 사람이 풍기는 분위기도 전달되지 않는다는 점이 오히려 좋습니다.

아즈마) 순위 개념이 없어진 거죠. 상하관계가 평등해지는 대신, 태도나 표정이 이전보다 훨씬 행사에 영향을 끼칩니다.

온라인 워크숍 방법 모색, 베테랑에게도 실패가

아즈마) 온라인에서 연수나 워크숍을 시작했을 때에는 아직 시스템을 다루는 것이 익숙하지 않아, 여러 가지 문제가 일어나기도 했습니다. 역시 고전한 부분은 회선 문제였죠. 가정용 인터넷 회선으로는 버티질 못해 툭툭 끊기는 영상이나 음성이 흘러나와 상대에게는 외계인 같은 목소리로 들렸던 적도 있습니다(웃음).

대여 회의실을 사용해 연수를 진행할 기회가 있었는데, 회의실 시간을 잘못 설정해 제가 열띠게 말하고 있는 도중에 다른 사람이 들어와 쫓겨날 뻔한 적도 있습니다.

고우라) 저는 학교 홍보도 담당하고 있어, 학교 설명회를 온라인으로 진행했습니다. 그 설명회를 녹화하고 있었는데, 도중에 인터넷이 끊겨 머리가 새하얗게 되기도 했습니다. 참가자는 도중에 온라인 설명회에서 내쫓긴 모양이 되어 버렸고, 시스템을 복구해도 절반은 돌아오지 않았습니다. 녹화를 하면 네트워크에 부하가 걸린다는 사실을 처음엔 잘 몰랐던 겁니다.

히로에) 저도 녹화 문제로 고생한 경험이 있습니다. 천 명 규모의 이벤트를 진행했을 때에는, 도중에 인터넷이 끊어지지 않도록 호스트PC 뿐만 아니라 서브PC도 함께 준비해서 사고에 대비한 적도 있습니다.

마츠바) 저는 2020년 3월경부터 연수나 워크숍을 온라인으로 옮겨 시행했는데, 처음엔 시스템을 전혀 몰라 고생한 경험이 있습니다. 온라인에서 다양한 강좌가 있어 도움을 받을 수 있었어요. 관련 강좌를 두세 개 수강해 배웠습니다.

초기 단계에는 여러 컴퓨터와 퍼실리테이터가 같은 장소에 자리할 경우 하울링이 울리거나 소리가 잘 들리지 않는 문제에 직면했습니다. 참가자가 귀를 막은 경우도 있어, 바로 대책을 찾아야 했습니다.

고우라) 같은 장소에서 여러 명이 이야기하는 경우는 어렵습니다. 저도 패널 토론을 라이브로 중계했었는데, 모처럼 진행하는 만큼 패널을 한곳에 모으는 편이 더 활발해질 것이란 생각 때문에 틀어진 적이 있습니다. 한 카메라로 패널 네 명을 비추니 각자 너무 작아 보이고 목소리도 멀어서 잡히지 않아 실패했었어요.

히로에) 현장감을 내고 싶어도 카메라와 마이크를 어떻게 설치하느냐가 어려운 부분이죠.

마츠바) 그 외에도 제 주위에는 소회의실을 종료하려 했다가 줌 회의 자체를 종료시켜버렸다는 이야기가 많이 있었습니다. 역시 다양한 기능은 사전에 몇 번 연습해 둘 필요가 있어요.

아즈마) 그러고 보니 온라인에서는 집에서 참가하는 사람도 많기에 무의식적으로 뒤에 있는 가구나 장식 등에 눈이 가는 경우도 있는데요. 그 또한 주의가 필요합니다. '아파트 몇 층에 살고 계신가요?'라든지, '뒤 책상에 있는 그 책, 저도 좋아해요'처럼 아무 생각 없이 사생활을 언급하게 되면, 상대는 퍼실리테이터가 엿보고 있다는 느낌을 받을 수 있습니다. 이런 부분은 평소 잘 알고 지내는 멤버라도 조심해야 합니다.

또한 안심할 수 있는 자리를 만들기 위해 '도중에 음료를 마셔도 좋고, 애완동물이나 아이가 들어와도 괜찮아요'라는 이야기를 처음에 해 두는 것도 중요합니다.

급부상하는 온라인 과제

마츠바) 한편 수다나 잡담이 없어졌다는 이야기도 자주 들려옵니다. 회의는 늘었는데, 혼자 사는 사람은 그 외의 대화가 사라져 우울해졌다는 분도 있었어요. 시대가 변하면서 흡연실이나 회식 같은 잡다한 자리도 사라졌죠. 전체적으로 소통 빈도가 줄어든 것도 사실입니다.

특히 불안을 느끼는 사람은 신입사원입니다. 현장에서 선배의 뒷모습을 보고 배우는 일도, 업무에서 모르는 내용을 옆 선배에게 잠깐씩 물어보는 것도 하기 힘들어졌죠. 신입사원과 멤버의 시스템 코칭 등을 자주 의뢰받는데, 워크숍 등의 자리에서 서로 불안을 말하게 하는 시간을 가지면 관계가 크게 달라집니다.

고우라) 그건 학생에게도 해당하는 이야기네요. 오프라인에서 온라인 수업으로 변경해도 중2~고3 학생들은 큰 문제가 없었지만, 막 입학한 중1들은 신뢰 관계가 구축되지 않아 또래 관계를 만드는 데 평소보다 2개월 정도 시간이 더 걸렸습니다.

히로에) 눈에 보이지 않는 대화나 교류가 사라져 버렸죠. 온라인 회의는 목적이 너무 명확해서 일상에서의 티키타카나 예상치 못한 만남이 일어나기 어려워졌습니다.

게다가 회사 전체의 비전이나 방향성이 보이지 않게 되었다고 말하는 사람도 많아졌습니다. 가까운 사람과의 소통에만 편중되어, 고객과의 거리가 멀어지기 시작했어도 이유를 알 수 없었어요. 우리 회사는 괜찮은지, 앞으로 어떤 시도를 하려 하는지 등이 보이지 않게 된 것입니다.

아즈마) 시간이나 공간의 여유도 없어졌습니다. '온라인 회의에 참가한다'='업무를 한다'라는 무의식적인 생각으로 쉽게 온라인 회의를 잡고 참가할 수 있는 사람을 모두 초대하는 게 일상이 되었을지도 모릅니다. 그 배경에는 '오프라인'='일을 안 하고 있다'라는 생각이 깔려 있습니다. 자신의 불안감을 해소하기 위해 온라인 회의를 개최하고 감시하려 할 뿐일 수도 있어요.

소통 부족을 보완할 해결책

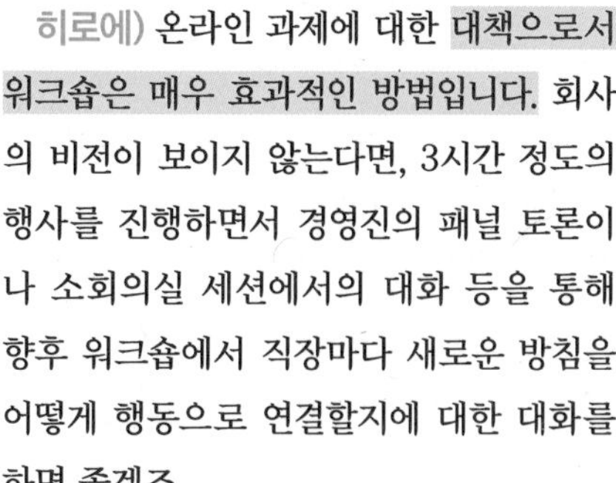

히로에) 온라인 과제에 대한 대책으로서 워크숍은 매우 효과적인 방법입니다. 회사의 비전이 보이지 않는다면, 3시간 정도의 행사를 진행하면서 경영진의 패널 토론이나 소회의실 세션에서의 대화 등을 통해 향후 워크숍에서 직장마다 새로운 방침을 어떻게 행동으로 연결할지에 대한 대화를 하면 좋겠죠.

마츠바) 신입사원을 도와주기 위해 하루 30분에서 1시간 정도, 온라인에서 만나 각자 일을 하는 회사도 있었습니다. 옆에서 함께 일을 한다는 느낌으로, 무슨 일이 생겼을 때 물어보기 쉬운 분위기를 의도적으로 설계한 겁니다. 또한 셔플 일대일이라고, 매일 다른 상대와 일대일 워크숍을 실시하기 시작한 회사도 있습니다.

고우라) 학교에서도 본 책에서 소개한 공통점 찾기나 자기소개, 온라인 실습실 등이 신입생에게 효과적이었습니다. 무엇을 좋아하는지, 무엇을 소중히 여기는지 등 서로를 알아가다 보면 사이가 더 깊어집니다.

히로에) 저는 Q13에서 설명했던 대로 격주로 1회, 점심시간에 동료와 라디오 채널을 만들어 송출하거나 매주 금요일 업무 종료 30분 전에는 부서원 모두 함께 청소 시간을 가지곤 했습니다. 이런 시간에 공통의 체험을 하면서 자연스럽게 잡담을 나누는 시간이 생겨났죠.

최근에는 워크숍 개시나 종료 시간을 오후 1시나 2시 같은 정각이 아니라 오후 1시 15분 등으로 조금 늦춰놨습니다. 회의 전후에 여백을 계획적으로 만드는 겁니다.

워크숍 마지막에도 정리한 후에 소회의실에서 한마디씩 발언하게 한 후, '이제는 각자 나가고 싶은 타이밍에 자연스럽게 나가 주세요'라고 퇴장시간을 정해주지 않으며, 여백을 고안했습니다. 현장이라면 워크숍 후에 돌아갈 준비를 하면서 잡담을 나누는 공간을 온라인에서도 만드는 겁니다. 그런 잡담이나 여백에서 생겨나는 것들이 정말 큰 의미를 갖습니다.

온라인에서도 '신체 활동'을 도입한다

아즈마) 온라인으로 이행한 초기에는 디지털의 다양한 툴이나 기술에 의존했습니다. 하지만 조작이나 사용하는 방법에 정신을 빼앗기고 있었다는 것을 깨닫고, 지금은 자리에서 종이에 쓰고 화면에 보여주게 하는 등 아날로그 요소를 집어넣습니다. 퍼실리테이터도 잠시 마음을 내려놓고 적극적으로 즐겨 보는 것도 좋습니다.

고우라) 저도 학교에서 레고를 사용한 워크숍을 자주 진행했기 때문에, 온라인에서 어떻게 할지 고민했습니다. 하지만 실제로는 각 가정에서 같은 도구를 준비할 수는 없더라도, 수중에 있는 빈 상자 등을 사용하게 하면 분위기가 좋아졌습니다. 사용하는 도구보다 도구를 사용해 스스로 움직인 경험을 공유하는 데에 의미가 있다는 사실을 깨닫게 되었죠.

히로에) 저는 체조를 자주 도입합니다. 현장에서는 협조하지 않는 사람도 많지만,

온라인은 조금씩 몸을 움직일 필요가 있기 때문에 모든 사람이 함께 참여합니다. 스트레칭 슬라이드까지 만들어 5분 정도 진행하면, 전후 분위기가 바뀌죠.

또, 온라인이라서 일부러 짬을 만들 때도 있습니다. 예를 들어 소회의실에 들어가기 전, '2분 동안만 조용히 자신에 대해 생각해 봐 주세요'라고 반성의 시간을 가지게 합니다. 그러면 회의실이 나뉘었을 때 매우 활발해집니다. 때로는 모두 카메라를 끄고 목소리로만 진행해 명상 시간을 갖기도 합니다.

마츠바) M&M 초콜릿을 사용한 워크숍을 소개한 적이 있는데요, 온라인에서도 M&M를 미리 보내 두고, 완전히 똑같은 워크숍을 실시합니다. 교재도 일부러 종이로 보내는 경우도 있습니다. 화면을 보는 것과 손 앞에 놓인 같은 사물을 보는 일은 공유하는 경험이 완전히 다릅니다.

고우라) 온라인 토막극도 충분히 가능합니다. '2030년의 사회는 어떨 것이라 생각하는지'라는 주제로 소회의실로 나눠 그룹마다 상담하게 하고, 학생에게 토막극으로 표현하도록 한 적이 있었습니다. 신체적으로 움직이기도 하고 쌍방향 소통에도 많은 도움이 되었습니다.

소회의실 세션 중 퍼실리테이터의 역할

아즈마) 퍼실리테이터는 온라인에서도 현장과 똑같이 새의 눈을 가지고 한 사람 한 사람의 표정을 얼마나 잘 알아보는지에 대한 시험대에 오릅니다.

히로에) 현장에서 할 수 있지만 온라인에서는 어려운 일을 퍼실리테이터가 얼마나 커버할 수 있는지로 역량을 평가받는 것입니다.

현장에서는 참가자가 같은 장소에 있기 때문에 그 자리의 분위기가 있습니다.

예를 들면 '튤립 현상'을 설명할 수 있습니다. 그룹 활동 때 모두가 적극적으로 활동하면, 분위기가 살아나 튤립이 개화하듯이 보이는 현상입니다. 대화가 활발하게 이어지고, 분위기가 고양되거나 리듬을 타는 느낌을 받는 상태죠.

한편 참가자의 반응이 안 좋으면 그게 피부로 전해져 오는데 온라인에서는 알아차리는 것이 어렵습니다. 그래서 모니터를 두 개 준비해 갤러리 보기로 참가자의 표정을 유심히 살펴봅니다.

마츠바) 퍼실리테이터는 소회의실에 들어갈지 들어가지 않을지, 들어가면 무엇을 할지가 중요합니다.

아즈마) 그렇죠. Q6에서 설명해 드린 것처럼, 정답은 없기 때문에 워크숍 내용이나 행사 상황에 맞춰 판단해야 합니다. 소회의실에서 퍼실리테이터의 역할은 다양합니다. 모두가 제대로 이해했는지 확인하는 의미로 회의실을 순회합니다. 활성화되지 않은 경우, 연료를 투하한다는 의미로 고개를 끄덕이거나 과장된 리액션을 하는 일도 있죠. 때로는 한 사람의 멤버로서 대화에 끼거나 목소리를 내는 경우도 있을 수 있습니다.

히로에) 저도 기본적으로는 소회의실 세션 중에는 소회의실에 함께 들어가려고 합니다. 퍼실리테이터의 자격으로 들어가면 존재감이 있으니 사전에 '세션 중에는 이해되지 않는 내용이 있는지 확인하러 들어갑니다. 궁금한 점이 있으면 질문해 주세요'라고 안내하고 이름을 '사무국'으로 바꾼 후 카메라를 끄고 들어가는 경우도 있습니다.

그 안에서 찬성 의견과 반대 의견을 모두 포함해 들어 두고, 메인 세션으로 돌아왔을 때 한 명을 지목해 의견을 공유시키기도 합니다. 오프라인 현장이라면 각 팀을 돌더라도 뒤에서 귀를 쫑긋 세우는 정도죠. 이야기 한복판에 들어갈 수는 없기 때문에 온라인만의 장점입니다.

아즈마) 다만 때로는 소회의실에 아예 들어가지 않고 '기다리는' 일도 중요합니다. 카메라를 끄고 들어가는 경우도 있지만, 그래도 그곳에 들어가면 참가자들이 존재감을 느끼니 아예 들어가지 않는 편이 좋을 때도 있습니다.

퍼실리테이터 여러 명이 진행하는 워크숍 등에서는 그 시간에 가볍게 그 후 세션에 대해 이야기하기도 합니다.

마츠바) 저도 소회의실 세션에 들어가지 않아도 되는 경우에는 사무국이나 주최자와 대화하거나 앞으로의 요청사항을 듣기도 합니다.

고우라) 학교에서는 학생들만으로는 혼란스러워지거나 이야기가 원활히 진행되지 않습니다. 그래서 교사가 소회의실로 보러 가 도와주는 경우도 많습니다. 한편 학생들이 익숙해지면 '어려우면 메인 세션으로 돌아와 주세요'라고 안내하고 일부러 제가 메인 세션에 남을 때도 있습니다.

● 소회의실을 순회하는 경우

- 각 그룹의 상황 확인
- 헤매는 사람을 도와주거나 워크숍의 분위기 형성
- 이야기하는 사람에게 존중 또는 찬동의 의사 전달
- 다양한 의견 수집 및 파악

● 메인 세션에 머무를 경우

- 질문하기 위해 돌아온 참가자 대응
- 사무국 또는 주최자 측과 상의
- 소회의실 세션 후의 진행 재검토

소회의실 세션의 전후에도 신경을 쓴다

마츠바) 소회의실로 나누기 전 주의해야 할 사항은, 주제와 규칙, 순서를 평소보다 더 상세하게 전달하고 이해시켜야 한다는 것입니다. 온라인 워크숍은 '뭘 해야 하는 거지?'라고 참가자가 당황했을 경우, 바로 퍼실리테이터에게 질문할 수 없어 애매한 채로 진행되어 본래의 취지에서 벗어난 잡담의 장이 되어 버리기도 합니다. 메인 세션에서의 채팅은 소회의실에 있어도 참가자에게 보이기 때문에 채팅에 주제를 써서 남겨두는 것이 좋습니다.

고우라) 소회의실 세션 후의 시간도 중요합니다. 학생들은 직접 말하는 것만으로는 이야기 나눈 내용을 정리하기에 어려움을 느끼기도 합니다. 그래서 이야기를 나눈 내용을 채팅으로 공유하거나 구글 잼보드를 사용해 보여주면서 이야기하기 쉽도록 시각화합니다.

마츠바) 소회의실 세션 후에는 이르게 돌아온 사람과 부러 잡담하는 경우도 있습니다. 그러면 부드러운 분위기를 만들 수 있죠.

온라인 '워크숍'의 미래

고우라) 지금까지는 주어진 것을 자신의 내면에 어떻게 적용하느냐가 중시되었습니다. 특히 학교 교육에서는 그 측면이 강하게 나타났죠. 하지만 점차 학생이 스스로 학습해 나가는 감각이 생겨나기 시작하면서 그 차이가 성과에도 크게 영향을 끼친다는 것을 느낍니다.

더욱이 디지털 세대이기도 한 학생들은 아바타를 통해 가상 학교에서 가르치는 역할도 맡게 되었습니다. 온라인에서는 개인이 배우기만 하지 않고 가르치기도 합니다.

히로에) 온라인의 특징은 시간과 공간을 뛰어넘는 확장성입니다. 학교 교실이나 회의실 등 특정 장소와 사람만으로 진행되던 일이 온라인에서는 시간도 공간도 뛰어넘게 됩니다. 주주, 고객, 보호자 등과도 직접 이어질 수 있으니까요. 다양한 영역의 사람과 공개적으로 대화의 장을 만드는 일이 더 빨라지기를 바랍니다.

마츠바) 앞으로 온라인 연수나 워크숍은 계속될 것입니다. 재택근무도 그렇습니다. 비용 면에서도 이점이 많기 때문입니다.

온라인의 장점을 살리려면, 연수는 며칠 동안 쭉 진행하기보다 두세 시간의 연수를 여러 번 간격을 두고 정기적으로 진행하는 것이 좋습니다. 그동안 실제로 업무나 일상의 일에 적용해 보면 학습이 심화되고, 연수 자리에 돌아와 질문사항을 해소할 수도 있습니다.

또한 온라인 워크숍이라면 일회성으로 끝내지 않고 정기적으로 모이는 것이 워크숍과 워크숍 사이에 인풋과 아웃풋을 내면서 학습을 심화할 수 있습니다. 그쪽이 정착과 실천 양쪽 모두에 효과적입니다.

아즈마) 영상 송신이나 이러닝과 대면 연수나 워크숍 중간에 위치한 것이 바로 온라인 워크숍입니다. 무언가를 배우고 무언가를 얻는다는, 조직에게 필요한 자리가 되어 가고 있는 것이죠. 분 단위 온라인 회의가 증가하면서 남겨진 것들이 적체되었고, 이는 조직에서도 문제가 되고 있습니다. 자신과 이어지는 장, 사람다움으로 이어지는 장으로서 워크숍은 필수 불가결한 존재가 될 것이라 생각하고 있습니다.

마츠바) 온라인으로 바뀌면서 워크숍은 좀 더 가볍고 가까워졌습니다. 오프라인 현장이라면 세미나 회장을 빌리고 비용과 집객을 걱정해야 하지만 온라인이라면 간단하게 워크숍을 실시할 수 있습니다. 참가하는 사람도 좀 더 마음이 가볍죠. 그런 가벼운 온라인 워크숍이 세상에 퍼지면 연결이나 의미를 중시하는 세상으로 바뀌는 계기가 될 것입니다.

● 온라인 '워크숍'의 역할

- 배울 뿐 아니라 가르치는 장
- 다양한 사람과 공개적으로 대화할 수 있는 장
- 자신과 이어지는 장
- 사람다움으로 이어지는 장

온라인 퍼실리테이션 진행의 기술

조직문화를 살리는 말하기 스킬

발행일 | 2024년 01월 05일

발행처 | 현익출판

발행인 | 현호영

지은이 | 워크숍 탐험부 - 마츠바 도시오, 히로에 도모노리, 아즈마 히데아키, 고우라 요시히로

옮긴이 | 박현지

디자인 | 김혜진

편　집 | 송희영, 이선유

편집 협력 | 이와나베 미도리

본문 디자인 | 스기야마 켄타로

본문 일러스트 | 가노 토쿠히로

주　소 | 서울특별시 마포구 백범로 35, 서강대학교 곤자가홀 1층

팩　스 | 070.8224.4322

ISBN 979-11-93217-32-0

そのまま使える オンラインの"場づくり"アイデア帳
(Sonomama Tsukaeru Online no Bazukuri Idea Cho : 7080-0)

현익출판은 유엑스리뷰의 교양 및 실용 분야 단행본 브랜드입니다.
잘못 만든 책은 구입하신 서점에서 바꿔 드립니다.

좋은 아이디어와 제안이 있으시면 출판을 통해 가치를 나누시길 바랍니다.
투고 및 제안 : uxreview@doowonart.com